やっぱり、それでいい。

人の話を聞くストレスが自分の癒しに変わる方法

創元社

はじめに
私は 自分の中にいる
ネガティブ思考クイーンと呼ぶ
オソロシイものに
長い間 振り回され
続けてきました
なんとか
したい
って SNSに
ブツブツ書いてたら
それを見ていた
編集者さんに
この糸をたどって
行ったら会えますよ
糸巻きを
もらいました

糸をたどって行ったら
お待ちしてましたよ
精神科医の水島広子先生に会いました
水島先生は言いました
自分の中にネガティブ思考が出てきても
「今はそれでいい」って 認めてあげてください

人は「これでいいんだ」
って思えると
前に進める
逆に「こんな自分だめだ」
って思ってたら
変われないんです
そんなこと言われたって
何でもネガティブに
考えちゃう私が
「いいんだ」って思える
わけないでしょ
でも…

変わりたかったらやるしかないのか
私は自分に「それでいい」って言い聞かせて
また失敗した もーだめだ
いやいや いいんだ 今はそれでいい
自分を認める練習をしました
だけど 長年 私を苦しめてきたネガティブ思考クイーンは
うわー 前に進めない
いろんな方法で私のジャマをしてきました
うわー おナカいたい
うわーー 前がちゃんと見えない
うわー 何も考えられない
うわー つかれてダルい

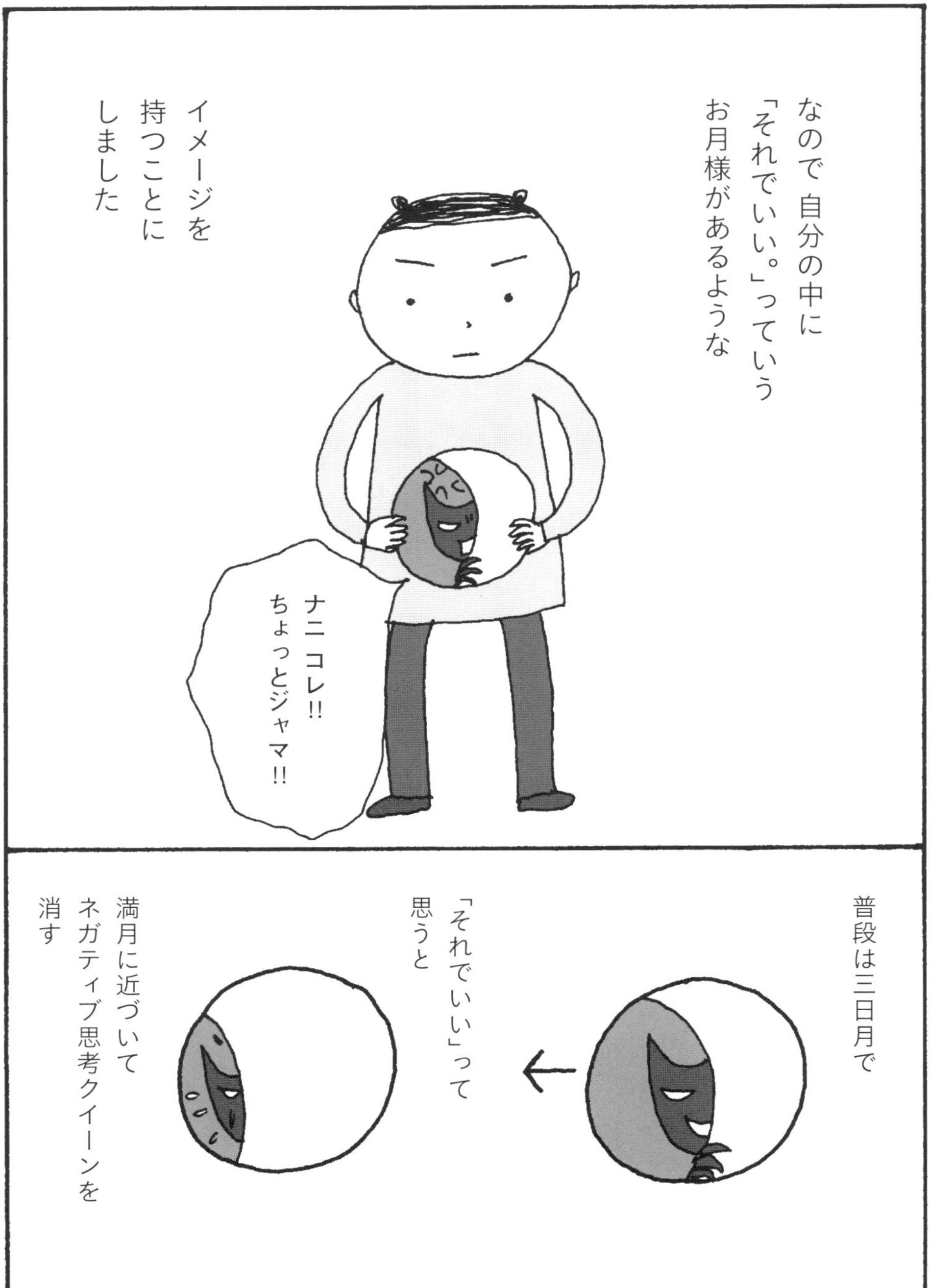

なので 自分の中に
「それでいい。」っていう
お月様があるような
イメージを
持つことに
しました
ナニ コレ!!
ちょっとジャマ!!
普段は三日月で
「それでいい」って
思うと
満月に近づいて
ネガティブ思考クイーンを
消す

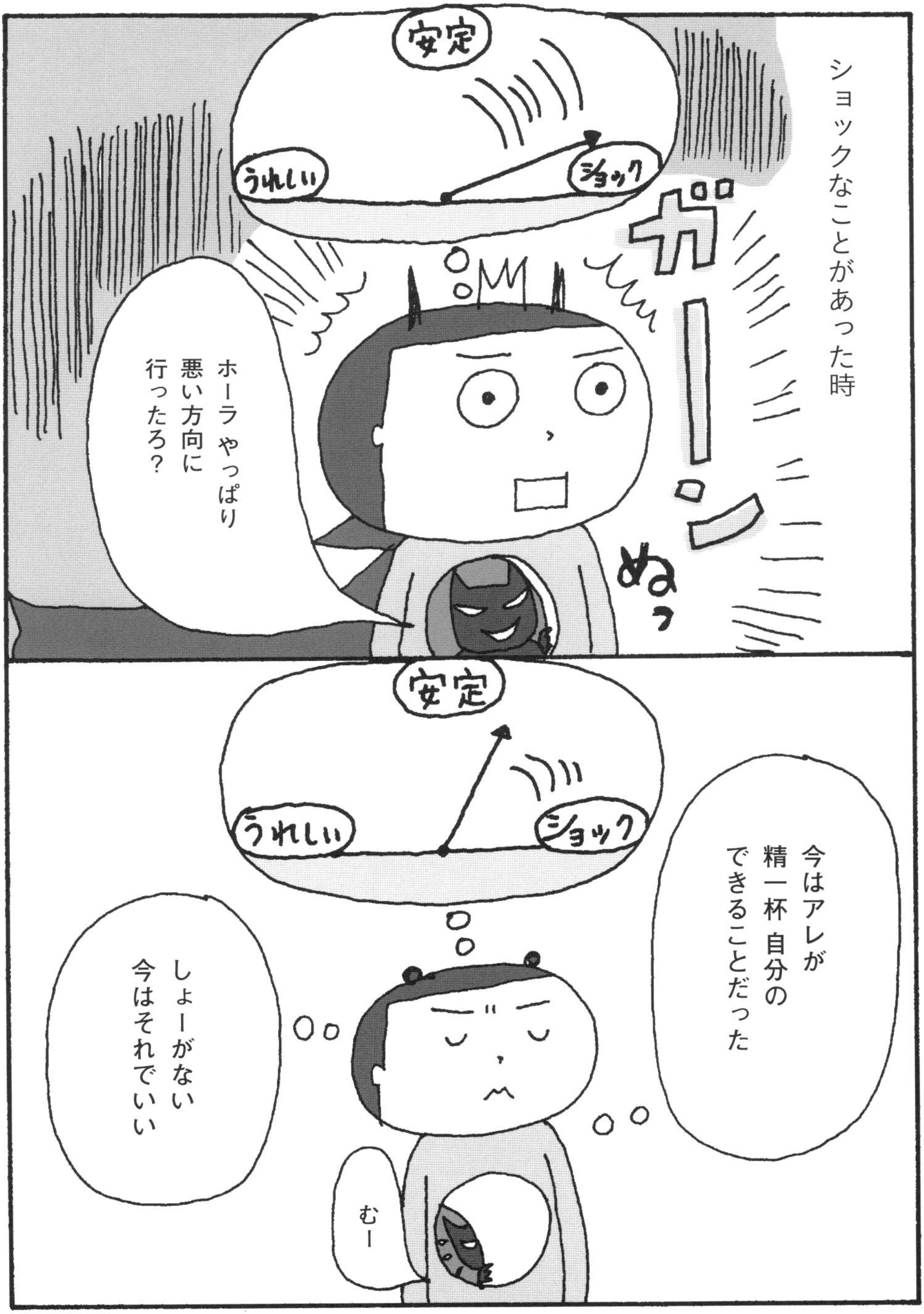
ショックなことがあった時
安定
うれしい
ショック
ガーン
ぬっ
ホーラやっぱり悪い方向に行ったろ？
安定
うれしい
ショック
今はアレが精一杯 自分のできることだった
しょーがない 今はそれでいい
むー

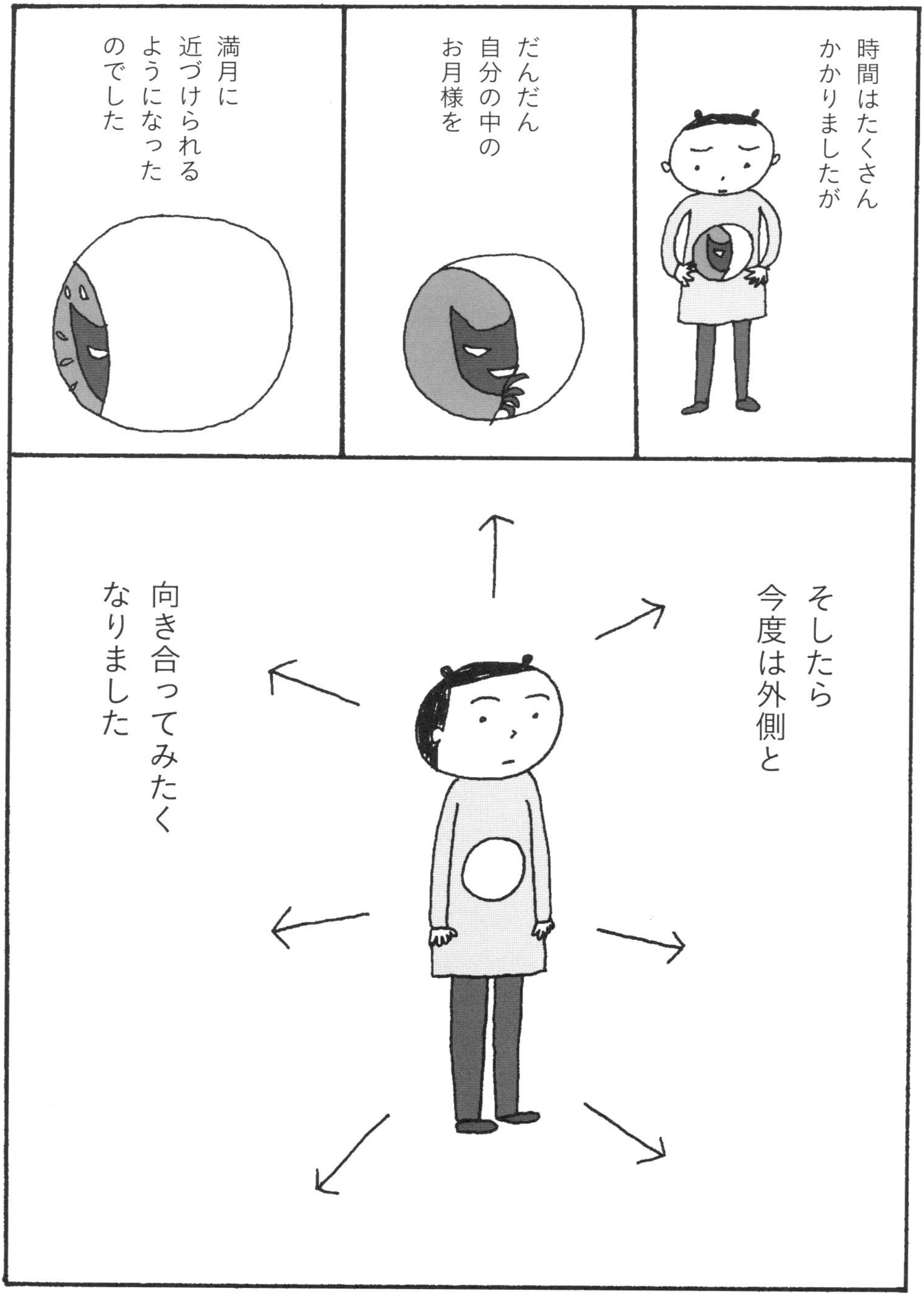
時間はたくさん
かかりましたが
だんだん
自分の中の
お月様を
満月に
近づけられる
ようになった
のでした
そしたら
今度は外側と
向き合ってみたく
なりました

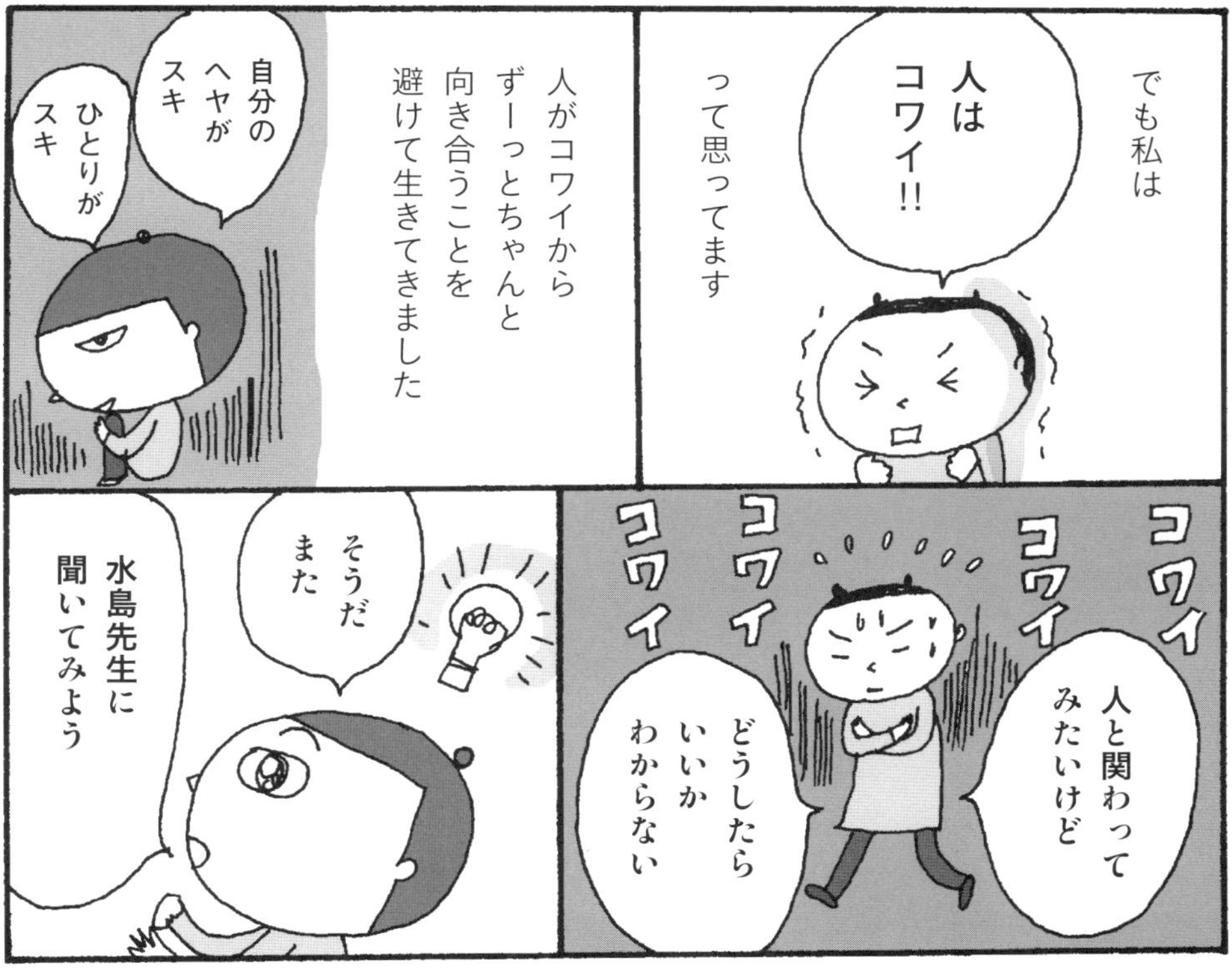

それで私は再び
水島先生の
ドアを
叩いたのでした

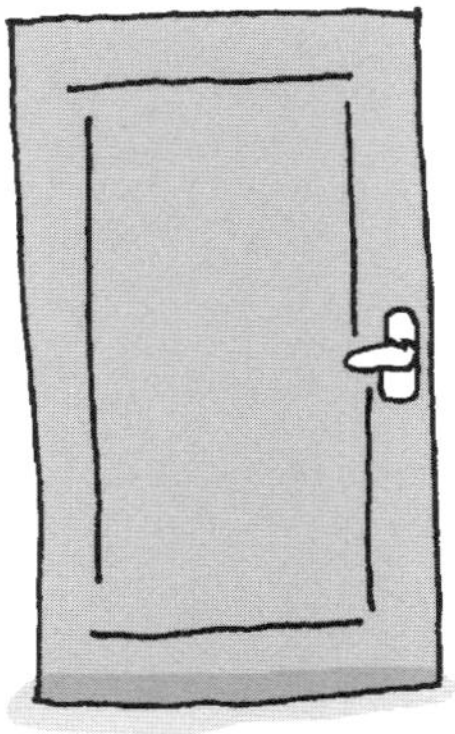

やっぱり、それでいい。もくじ

第3章
もっと知りたい聴く技術　113

登場人物

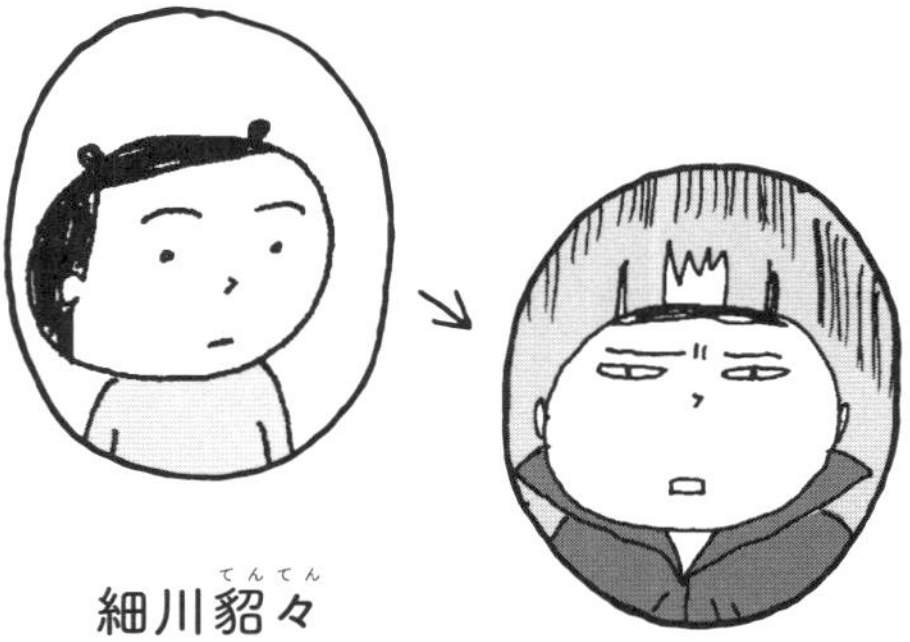

細川貂々《てんてん》

まんが家。本書の主人公。“ネガティブ思考クイーン”な性格に苦しめられていたが、前作『それでいい。』で水島先生に出会い、人生が変わる。

水島広子先生

精神科医・医学博士。慶應義塾大学医学部卒業・同大学院修了（医学博士）。同医学部精神神経科勤務を経て、2000年〜2005年、衆議院議員として数々の法案の修正実現に取り組む。現在は対人関係療法専門クリニック院長、慶應義塾大学医学部非常勤講師、国際対人関係療法学会理事。日本における対人関係療法の第一人者。

トモコさん

水島先生の事務所スタッフ。AH（アティテューディナル・ヒーリング）ワークショップのファシリテーター（進行役）も務める。

デザイン いわながさとこ
制作協力 福浦清美
後藤美香

第1章

水島先生、人と関わることで一番大事なことは何ですか？

水島先生
人と関わることで
一番大事なことは
何ですか？
おひさしぶりデス
てんてんさんは
何だと
思いますか？
気遣いとか
気配りとか
相手の顔色を読むとか
相手に合せるとか
……
あー
考えるだけで
コワイ!!
私には
できなさそう!!
てんてんさん
らしい考え方
ですね
こんな私に
人付き合いは
ムリですか？
ぬ

てんてんさん人と関わることで一番大事なことは
大事なことは？
人の話を・・聴くことです
へ？
人の話を
聞く？
イヤイヤイヤイヤ
そんなの私山ほどやってますよ
人と会うと私は喋らないから人の話を聞いてばっかりいますし

それに私
どっちかというと人の話を聞くのは得意ですよ
そういえばてんてんさんは
初対面の人の話を一時間聞いたことがあると言ってましたねえ
ハイ!! きっちり聞きました!!
でもてんてんさん
初対面の人の話を一時間も聞いて疲れませんでしたか
えっ
そりゃあ疲れました！
ちゃんと相手の立場に立って聞かなきゃいけないし
この人に何て言ってあげたらいいんだろう
この人をどうしたら助けてあげられるだろう

そうやって真剣に必死に聞いてますから疲れます
だからこんなに一生懸命話してくれるのに疲れて申し訳ないと思いながら聞いてました
帰りの電車でぐったりして熟睡しちゃいました
実は疲れる話の聞き方をしていたら良い人間関係は作れないんです
えっ
でっでも人の話を聞くのって頭で整理しながら聞くから疲れますよね!?
そうやって聞くから疲れるんです
えー!
???

私は人のかなりシンドイ悩みを聴く仕事をしてますが疲れませんよ
精神科医
そーなんですか?!
私も結構悩み相談を受けたりして
重い悩みを聞くと一緒に落ち込んじゃったりするけど
そういうことはないんですか？
ないんです
実は疲れないで人の話を聴く方法があるんです
なんですって!?

人の話を聴くときの
姿勢を変えるだけで
疲れないで
聴けるように
なります

人の話を
どう聴くかによって
人生の質が
変わりますよ

コラム

1

一番大事なのは、人の話を聴くこと

皆さん、こんにちは。精神科医の水島広子です。前作『それでいい。』で細川貂々さんと出会い、こうして一緒に仕事をさせていただいています。貂々さんとの仕事は、とても楽しく充実しています。

私は対人関係療法という、効果が科学的に実証されている（エビデンス・ベイスト）精神療法を専門にしています。患者さんをたくさん診ると同時に、国際学会でも頑張って活動しています。対人関係療法は、文化圏を超え、世界中で有効、というデータが出ています。それほど、人間にとって普遍的なテーマを扱っている、ということでしょうね。

同時に、私は、ボランティア活動というか、自分の趣味というか、ＡＨ《エーエイチ》（アティテューディナル・ヒーリング）という、治療ではなく、それぞれが自分の心の姿勢に取り組む活動も全国展開しています。本書では、ＡＨの考え方についてもたくさん触れていきたいと思います。

治療、そして自分の心への取り組み、

と分類は違うのですが、私はどちらにも共通点を感じています。

それは、相手の話を聴くことです。

治療においては、専門的助言を与える必要があります。でも、それは相手の話をよく聴いて、今のこの人にとって無理なくできる一番のポイントは何か、ということを見極めて初めてできることです。

よく、精神科や心療内科を受診したのに、「そんなのわかっている!」という助言しかもらえなかったり、話をよく聴かずに「まとめ」をされてしまったり、最悪の場合「治ろうとしないあなたが悪い」と言われてしまったりする人がいる、という話を聞きます。これはまさに、「聴くこと」不足、ということでしょうね。

なぜ「聴くこと」不足が起こってくるのか、と言うと、聞く側が負担を感じるからだと思います。確かに、一般に「人の話、特に愚痴を聞くのは疲れる」という印象がありますよね。そしてそれは「相手のために聞くのだから仕方ない」と思われているのです。

一方、AHでは、「自分の心の平和のために相手の話を聴く」というのがポイントになっています。瞑想、アートなど、「今、ここ」を尊重する方法はいろいろありますが、AHでは、それを「相手の話を聴く」「相手からどう思われるかを気にせずに、自分の話をする」という形で行います。

AHの話の聴き方と、対人関係療法の話の聴き方は、すごく似ています。専門的には「無条件の肯定的関心」と言われますが、相手の事情がどうであろうと、今、自分の前で話してくれている相手を尊重するのです。私はよく、「いろいろ大変なことがあったのに、生き延びてくれて、今ここで私に話してくれている」ことに感謝の念を抱きます。そして、こちらが無条件に肯定すればするほど、相手はよく話してくれるのです。

貂々さんは、重い悩みを聞くと一緒に落ち込んでしまう、ということですし、実は多くの方がそうなのではないかと思いますが、相手から見れば、勇気を出して自分のつらい話をしてみたら、聞き手が落ち込んでしまう、というのは悲劇です。「ああ、話さなければよかった」と思うのです。

でも、AH式の聴き方をすれば、すべてを「それでいい」と「ありのまま」に受け入れることができるので、「よい」「悪い」の判断もありません。話してくれた相手に感謝する、という感じで、落ち着いて聴けるので、話し手も「話して楽になった」と思うのです。

ものすごく悩んでいる人でも、「こんな話、他人にはできない」とおっしゃる方が多いです。その気持ちもわかります。私たちが人に話をするのを躊躇するのはなぜかと言うと、「こんなことを話したら、どう思われるだろうか」が気になるから、というのが大きいと思います。

でも、対人関係療法にしろ、AHにしろ、「何の評価も下さないから、何でも話して」という姿勢なので、話し手にとっても話しやすいのです。

先ほど、ＡＨの聴き方は、瞑想やアートと同じようなものだ、とお話ししました。それは本当にその通りなのです。現在に集中すると、人の心は平和になります。ＡＨの聴き方は、話し手を安心させると同時に、自分自身も現在に集中してとても平和な心になるのです。

つまり、「人の話を聴くのは一般にストレスだと思われているけれども、実は自分の癒しにつながる」ということなのです。自分の心もポカポカし、相手の心もポカポカする。どうせ人の話を聴くのなら、そんな聴き方をしてみませんか？

今の時点で「人の話を聞くのは疲れるし、面倒」と思われている方にとっては、ものすごいパラダイム・シフト（劇的な転換）になると思います。

なお、ここまでの文章でも「聴く」と「聞く」の両方が出てきています。私は、無条件の肯定的関心を持って相手の話を聴くときには「聴く」という言葉を使っています（耳だけでなく、心で聴く、ということ）。一方、相手の発する音声だけを聞く場合は「聞く」と書きます。本書全体に、それは使い分けていきますので、関心を持っていただければ幸いです。

（水島）

「聴く」とはどういうことか?
さっきてんてんさんが言ってたみたいに
「相手のためにならなくちゃ」という聞き方が一番疲れます
そーなんですか?
相手の立場に立つことで
悩み
つらい
バシッ
悩
辛
バシッ
悩み
つらい
マイナスなことを完全に受け止めちゃうから
私が疲れないのは
人の話を聴いてる時に自分のことを考えていないからだと思います
自分のこと?

例えば「相手のためにならなくちゃ」って話を聞いてる時は
この人を私はどうやって助けられるかな…
どういうアドバイスを言ってあげたらいいだろう…
こんなことを考えながら聞いてませんか？
うん!! 必死に考えてます
これは「自分の思考」なんです
つまり自分がどうしたらいいか？という「自分のこと」なんです
あ そうか
人は相手の話だけじゃなく それより多く自分の考えも聞いてるんです

みんな
「人の話は聴いてる」
と言うけど

絶対に人の話より

「それに伴う
自分の思考」
の方を
たくさん聞いてる

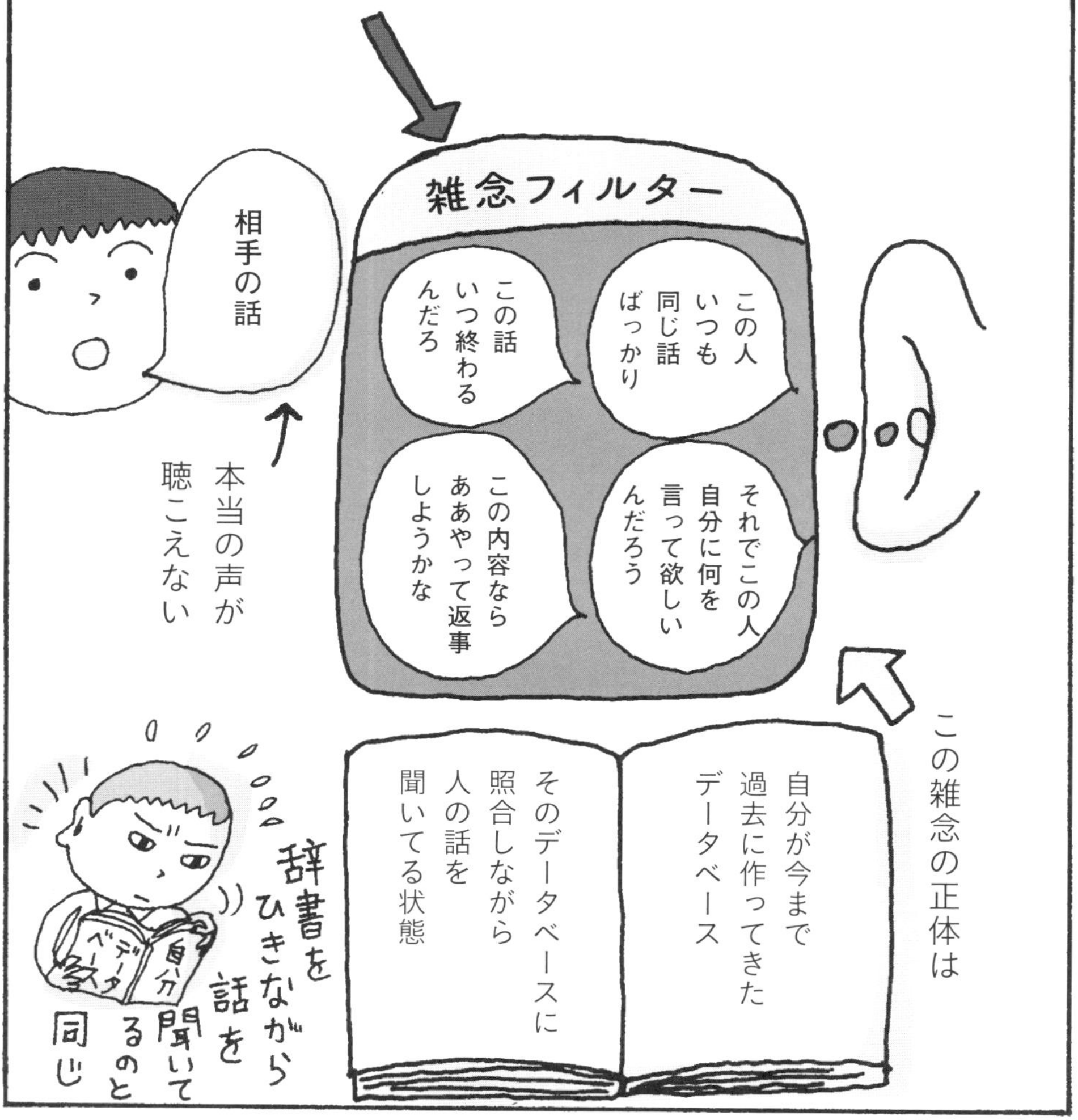

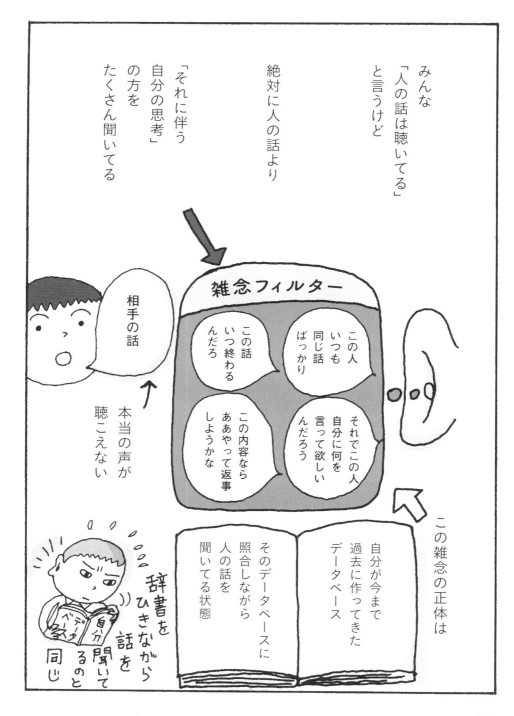

雑念の音が大きくなると
雑念
雑念
雑念
雑念
雑念
雑念
雑念
雑念
相手の話そのものが聴こえなくなる
ああ そうか 前も同じようなこと言ってたな
勝手な決めつけが始まる
じゃ こう言っとこう
決めつけに基《もと》づいた余計なアドバイスをしてしまう
アドバイスって…多分てんてんさんは今までたくさん言われてきたと思うんですけど…
ハイ いろんな人にアドバイスされてます

アドバイスされた時どんな気持ちでしたか？
うーーーん
私のことを思って言ってくれてるのはわかるしありがたいなって思うんです
だけど…
ほとんどが「アレ？ちょっと違うんだよなあ」って感じだし
時々あまりにも的外れでムカッとすることもあります
実はアドバイスは「現状がよくない」と言ってるのと同じなんです
!!
「今のあなたはよくないからこうしなさい」って
今を否定してるのと同じなんです
ダメ

だから
アドバイスされると
モヤモヤしちゃうん
です…
うん
アドバイス
されてる時
キンチョーしちゃいます
自分だって
アドバイスされると
モヤモヤするのに
相手を
モヤモヤさせるために
「どうアドバイスしようか」
考えながら
人の話を聞くのって
疲れるし
つまんなくない
ですか？
あ
ホントだ

人の話を聴く時
相手の話を
よく聴かなかったら
相手が本当に
言いたいことがわからない

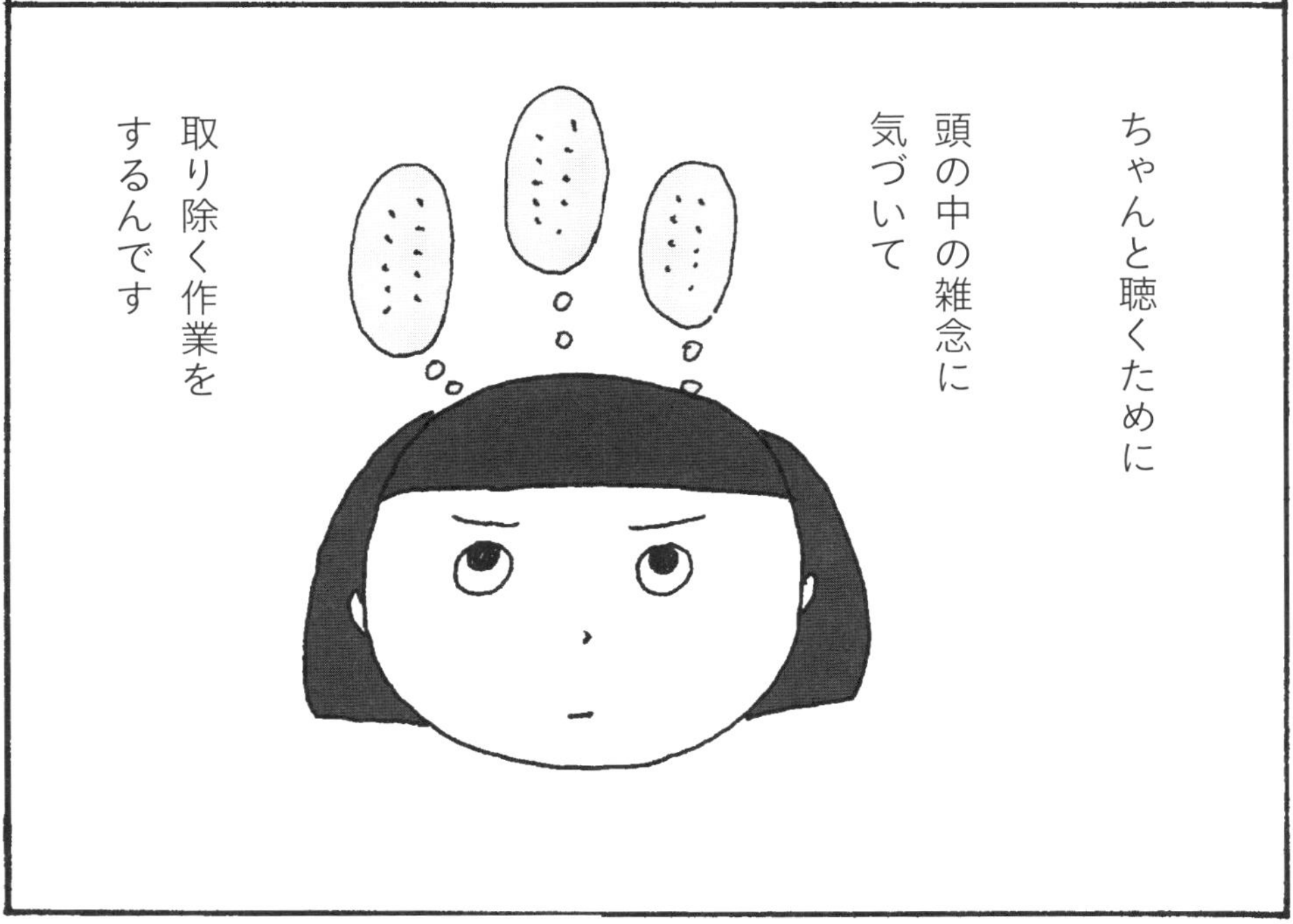
ちゃんと聴くために
頭の中の雑念に
気づいて
取り除く作業を
するんです

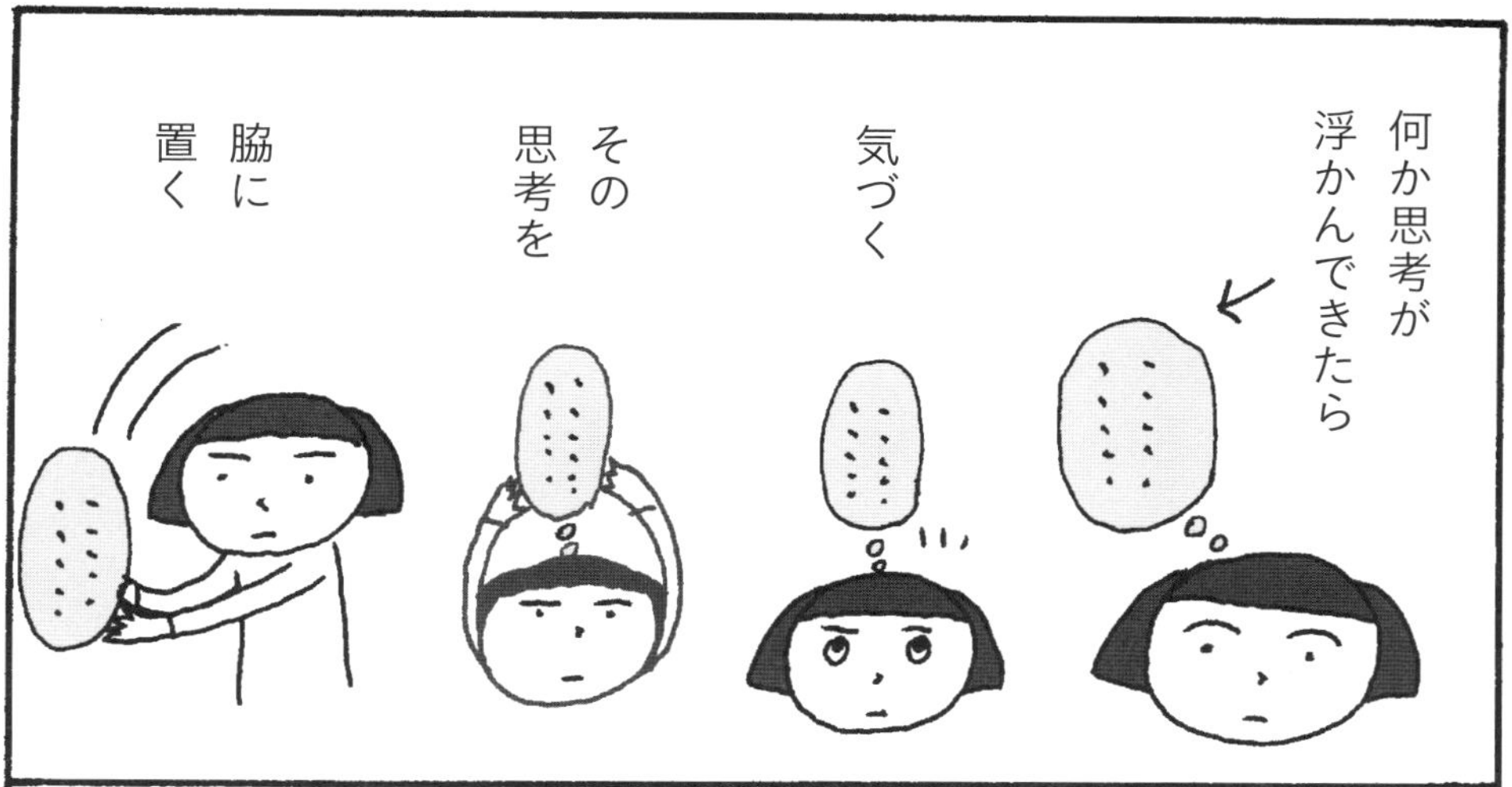
何か思考が浮かんできたら
気づく
その思考を
脇に置く

自分の余計な思考をなくして
相手の現在に集中して話を聴く
集中!!

人は何かに集中してる時は余計なことを考えなくなる
「今」に集中してると
自然体
ありのままでいられる
ありのままでいられてる人は人に安心感を与える
ホッ
相手は安心して話せる
よいコミュニケーションがとれる

ほー
人の話を上手に
聴けることが
コミュニケーション上手
になるための
コツなんです
目からウロコ
落ちまくり

コラム

2

相手の現在に集中する

人の話をきくときには、多くの人の頭の中を「相手に何て言ってあげたらいいんだろう」とか、「また、この話？」など、いろいろな思考がよぎるものです。

つまり、相手の話「だけ」を聴いているわけではないのですね。むしろ、相手の話に触発された、自分自身の思考を聞いている、と言えます。これは、相手の話を聴く上では、実は「雑音」なのです。「雑音」の方が大抵の場合大きいので、アドバイスするポイントを見つけたり、我慢して話を聞いたり、と頭は疲れてしまいます。ですから「人の話を聞くのは疲れる」ということになるのです。

「雑音」は、たいてい、自分が過去から積み重ねてきた「データベース」を通して出てきます。「うまくアドバイスしなければ相手を失望させる」とか、「ああ、こうやっていつも同じ愚痴ばかりこぼす人がいるんだよな」などは、しっかり「データベース」に入っていて、それを通して相手の話を聞くので、「雑音」が大きくなってしまうのです。相手の話と「雑音」を同時に聞くのはものすごく疲れることで、「人の話を聞くと疲れる」という気持ちはよくわかります。

でも、「聴く」ということに集中すると違います。相手にはいろいろな事情があって、でも何とか頑張ってきていて、今ここで自分を信じて話してくれている。それは感謝にすらつながることなのです。

自分のデータベースを手放して相手の話を本当に聴くということは、実は意識の持ち方によって簡単にトレーニングできます。

相手の話を聞き始めると、数分のうちに必ず何らかの思考が浮かんでくるのが人間なのですが、そのときに、それを「脇に置く」のが最もよいやり方です。

例えば、「ああ、また思考が浮かんでしまった」と自分を責めると、相手の現在からますます離れてしまいます。ですから、自分を責めている暇はありません。何らかの思考が浮かんで来たら、それをただ「脇に置いて」もう一度相手の現在に集中すればよいのです。

相手の現在に集中するということは、細かい言葉を聞いて、解釈したり分析したりすることとは全く違います。いろいろあったけれども、今ここにいて、話してくれている相手の存在そのものに集中する、ということなのです。

この聴き方をすると、「相手が話していたことを覚えていない」と言う人もいます。仕事などで詳細な情報が必要なら、相手の現在に集中する聴き方をした後に、「さっきの〇〇についての話ですが、もっと詳しく知りたいので、もう一度お話しいただけますか？」とお願いすれば、何の問題もありません。

すぐにアドバイスする聞き方をされるよりも、じっくり聴いてもらって、そのうえで自分の話に関心を持ってもらえる方がずっと満たされるのです。

相手の現在に集中するコツは、大きく言えば二つです。一つは、先ほど話したように、思考が浮かんで来たらそれを「脇に置く」のを何度でも繰り返すことです。相手の話よりも、相手の現在の存在を聴く、という感じです。

もう一つは、相手の話を「問題」としてとらえて解決しようとしないこと。人間は、安心できる環境を与えられると、自ら前進していくのです。決めつけたり、変なアドバイスをしたりすると、自己防御したり反抗したりするので、前向きな変化を妨げてしまいます。ですから「解決してあげなければ」「役に立つアドバイスをしなければ」という気持ちは手放したほうがよいのです。

その人の現在にぴったりな「専門的助言」であれば役に立ちます。でも、その時期がずれていたり、本人に合わなかったりする場合は、本人の自己不全感にすらつながりますので(言われた通りにできない、という)、よく見極める必要があります。治療者でないのであれば、ただ聴くだけで十分です。

(水島)

第2章

てんてん、「話の聴き方ワークショップ」に参加する

でも私に そんな 聴き方が できるんでしょうか？
ワークショップが ありますよ
ワークショップ？
人の話を聴く練習をする ワークショップです 信頼できるファシリテーターが います
人の話を聴く 練習をする
ワークショップ か…

ワークショップに参加してみました
ドキ ドキ ドキ ドキ ドキ ドキ ドキ
こういうのに参加するの初めてだキンチョーする
カチャ
おはようございます
おはようございます
あっ
水島先生のクリニックでお茶を運んできてくれる人だ
今日は私がファシリテーターをさせていただきます
そうなんですね よろしくお願いします
よろしくお願いします
ぺこり
たしか私と一緒で納豆がキライでスイーツ好きな人だ
私納豆キライなんですよー

一番最初に来た
それにしても…
こういうワークショップって一体どんな人が来るんだろ?
おはようございます
オハヨウゴザイマス
おはようございます
オハヨウゴザイマス
今日の参加者は15人
ファシリテーター トモコさん
輪になって座る
老若男女いろんな人が来るんだなあ…

それでは時間になったので始めます
今日のファシリテーターをさせていただくトモコといいます
今日は「人の話を聴く」というスタイルをとって
自分の心を穏《おだ》やかでポカポカあたたかくする聴き方の練習をします
心をポカポカあたたかくする聴き方？
そのために今日一日守っていただくガイドラインについてお話しします

今日一日は心が穏やかでいられるように心掛けてください
どういう時心が穏やかですか？
おひるね
好きな人とおしゃべり
ひなたぼっこ
自分が安心できてる状態を想像してください
「聴くこと」の練習なので
「聴くこと」に意識を集中してください
どーゆーこと？
相手の話を聞いてると
どうしても頭の中に次々思考が浮かんできます
あ、水島先生が言ってた

そーゆーのは
みんな
脇に
置いて
ジャマ
浮かんだら
さっ
置いて
浮かんだら
置いて
浮かんだら
置いて
とにかく
自分の思考が
わいてきたら
横に置く
それを10回でも
20回でも繰り返し
ながら
「聴くこと」に
集中して
ください

開かれた心で
話を聴いてください
パカッ
OPEN THE ハート
開かれた心って
いうのは
先入観がない
良い悪いなどの
判断をしない
真っ白で
素直な心
そういう心でいると
相手の言葉を
全てそのまま
受け止めて聴ける

逆に閉ざされた心とは？
良い？
悪い？
判断しなきゃ
どう評価する？
今まで蓄えてきた自分の情報を引っ張り出してきて聞いてる
閉ざされた心で人の話を聞いても練習になりません
それから今日は自分の心を穏やかにすることが目的なのでアドバイスは厳禁です
アドバイスはした方もされる方も心が乱れます

話をする時は
「私」を主語にする
「私の気持ち」を話すことで
お互いの中に共通点を見つけられ
今ココ
を感じることができて
周りの人とのつながりを
感じやすくなります
自分に評価をくださない
自分のプロセスを大事にする
一人ひとりが自分の
「こころの声」に耳を
傾けられるようにする

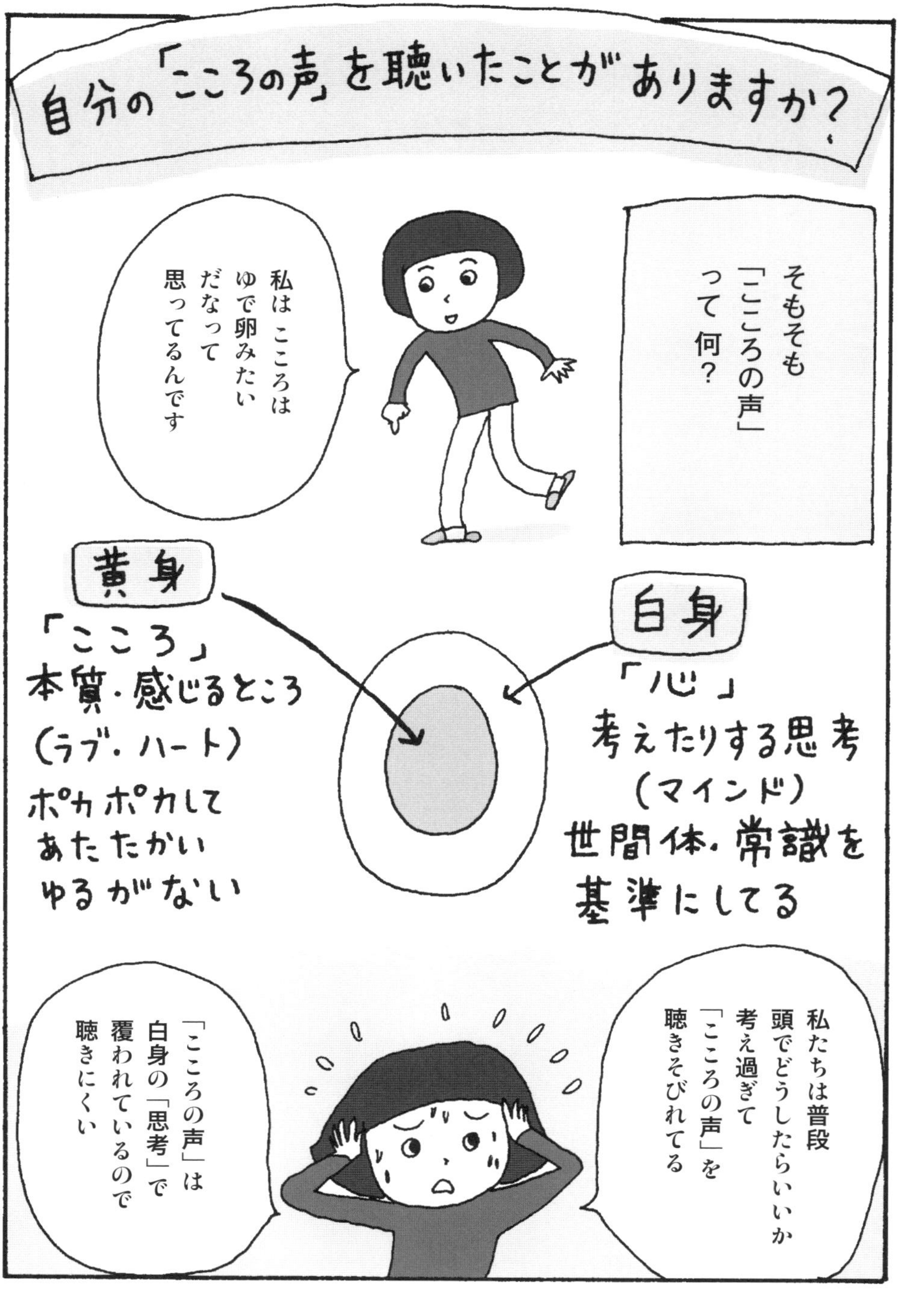

自分の「こころの声」を聴いたことがありますか？
そもそも「こころの声」って何？
私はこころはゆで卵みたいだなって思ってるんです
黄身
「こころ」本質・感じるところ（ラブ・ハート）
ポカポカしてあたたかいゆるがない
白身
「心」考えたりする思考（マインド）
世間体・常識を基準にしてる
私たちは普段頭でどうしたらいいか考え過ぎて「こころの声」を聴きそびれてる
「こころの声」は白身の「思考」で覆われているので聴きにくい

お互いが先生であり生徒
今私はみなさんにいろいろ説明をしていますが
先生
いつでもすぐに逆の立場になることができます
生徒
片方をやっててつらくなっちゃったら反対側に変われる自由があるということです
この状況から何が学べるかな
どうしたら穏やかになれるかな
立場を変えて考えてみる
そうすることで年齢や経験に関係なく フラットでいられます

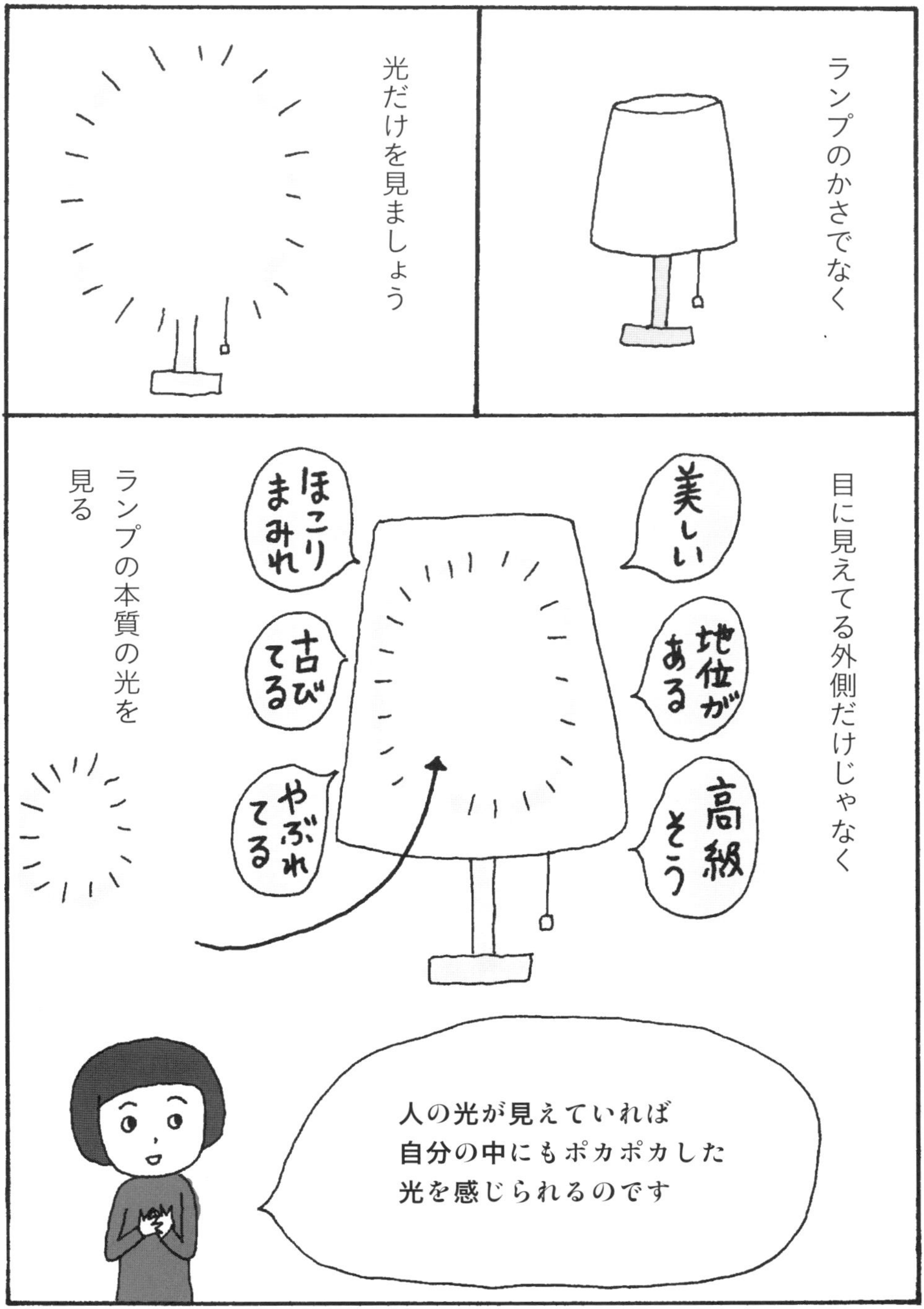
ランプのかさでなく
光だけを見ましょう
目に見えてる外側だけじゃなく
美しい
地位がある
高級そう
ほこりまみれ
古びてる
やぶれてる
ランプの本質の光を見る
人の光が見えていれば
自分の中にもポカポカした
光を感じられるのです

いつも穏やかでいたいのか
怖がっていたいのか
自分で選べるってことを知っておきましょう
誰かが私の「怒りボタン」を押したまま立ち去ったとしても
怒
自分でボタンを解除できるんです
自分が今どういう気持ちでいたいのか
選ぶのは自分自身なんです

でもこれは自分に自信のない人には難しいかもしれません
ワタシ…？
そういう人は選べなくても
自分は今練習中なんだ
練習だから失敗してもいいんだ
の気持ちで
今日はこれから話を聴く練習をしますが
練習をするためにひとり5分ずつお話ししてもらいます
その時 話した内容については仲間内でも秘密厳守です
一人ひとりがガイドラインを守ってお互いに支え合えるようにしましょう

コラム

3

ランプのかさでなく、光だけを見る

人には、外見、職業、その日の機嫌、ちょっと見の性格など、いろいろな側面がありますね。ＡＨではそれを「ランプのかさ」と呼んでいます。

というのが、ＡＨの考え方では（そして、私はＡＨの考え方を信じた方がずっと生きるのが楽なので、採用しています）人は基本的にポカポカした温かい存在で、その「ランプ」を見えにくくするのが「ランプのかさ」なのです。

現実の「ランプのかさ」は、よく見るとほこりがたまっていたり、色が褪せていたり、糸がほつれていたり、いろいろ気になることがありますよね。

でも、ランプそのものは周りを照らすことが本来の役割であり、ランプのかさの糸がほつれていても、ランプが明るければ何の問題もないのです。

相手の話をちゃんと「聴く」と、相手の光が見えてきます。今現在いろいろ苦労していても、本質である「光」は、ちゃんと存在しているのです。

それは、「光を見よう」と意識するのとは違います。私たちの多くが、「嫌な相手でも、よいところを見つけよう」式の教育を受けていると思います。しかし、それは「べき」の考え方であってＡＨとはまったく逆なのです。いくら「よいところ」が見つかっても、全体として嫌い、という感覚は変わらないことが多いですよね。ＡＨ式に人の話を「聴く」と、大変なのに、よりよくするために頑張っているな、という様子が見えて、本当に愛らしいのです。そこで感じられる「愛らしさ」こそが、相手の「光」なのだと思います。

　自分の「こころの声」が聴こえるのは、そんな瞬間です。相手の本質は温かいこころであって、そういう視点から見れば、今不機嫌な相手も、「相当困っているんだな」と見ることができるのです。そして、そういう角度から見れば、どういうふうに声をかけたらよいか、どういう行動をとればよいかがわかってきます。これが「こころの声」です。

　誤解しないでいただきたいのですが、相手が困っているからと言って必ずしも助ける必要はありません。ただ、相手が自分を攻撃しているのではなく、困っているのだ、という見方をすること自体が、癒しにつながるのです。

「自分を主語にして話す」もとても大切なことです。人間は生物ですので、自己防御本能が備わっています。「あなたのせいで……」などと言われてしまうと、どうしても自己防御に走り、反撃してきたり、抵抗したりします。でも、「私、困っているの」というふうに話せば、人は案外親切です。

　その親切さに感謝をしていけば、相手はますますやる気になってくれるでしょう。　（水島）

だけど こころって 穏やかになれるの？
こころを穏やかにするというけど 私なんか ずーっと
こころに 波風が 立ちっぱなし
嵐のような こころの状態で 生きてきたわけです
そんな私でも 人の話を聴く ことで こころが 穏やかになれる のですか？
はい
そもそも ここにいる全員の中に 穏やかなポカポカが あるんです
ポカポカ
えっ 私にも？
それぞれが いろんな事情で 感じにくく 見えにくくなって るけど 必ず あるんです
全然 気配すら ないけど

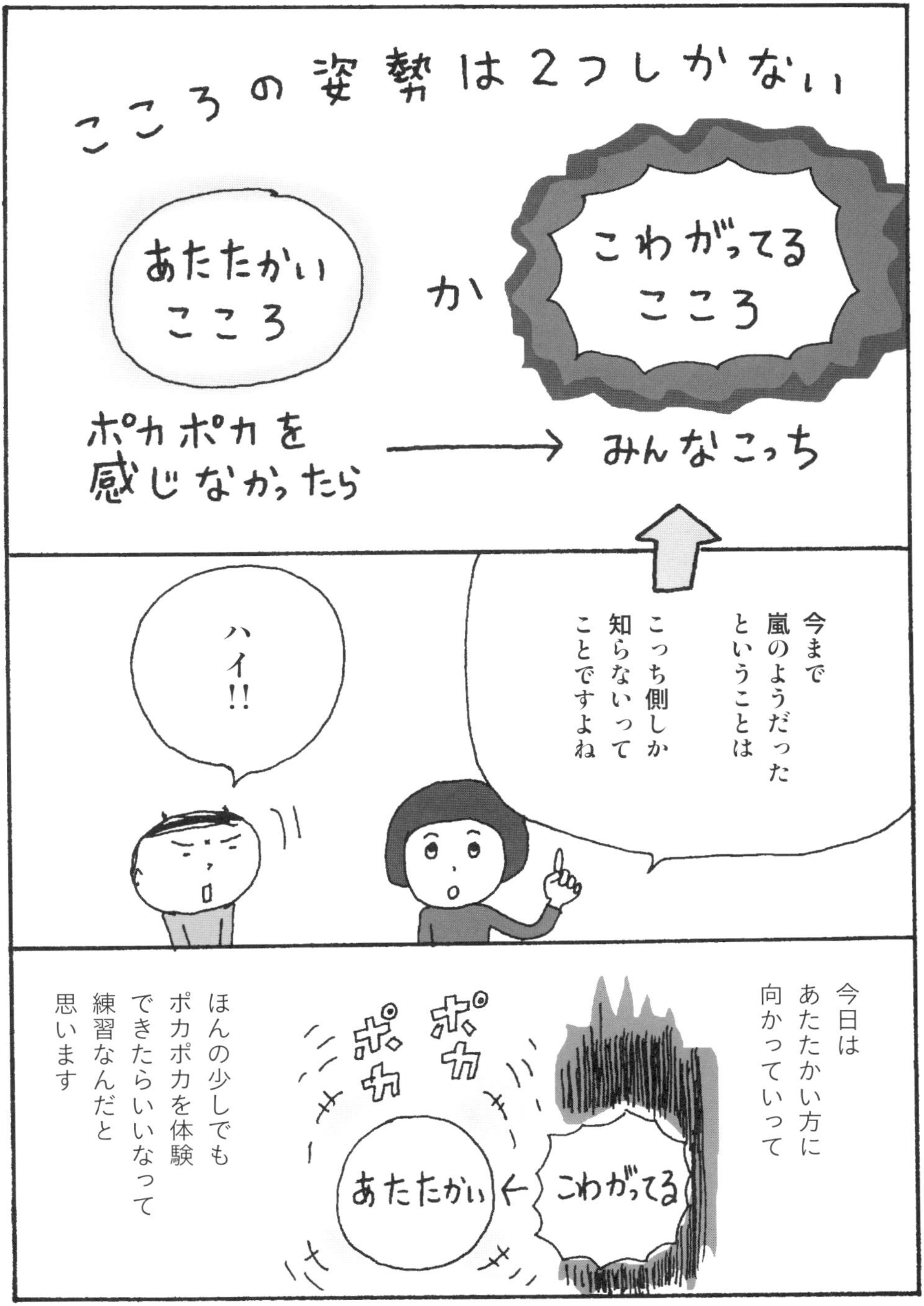
こころの姿勢は2つしかない
あたたかいこころ
か
こわがってるこころ
ポカポカを感じなかったら
みんなこっち
今まで嵐のようだったということはこっち側しか知らないってことですよね
ハイ!!
今日はあたたかい方に向かっていって
ポカポカ
キー
あたたかい
こわがってる
ほんの少しでもポカポカを体験できたらいいなって練習なんだと思います

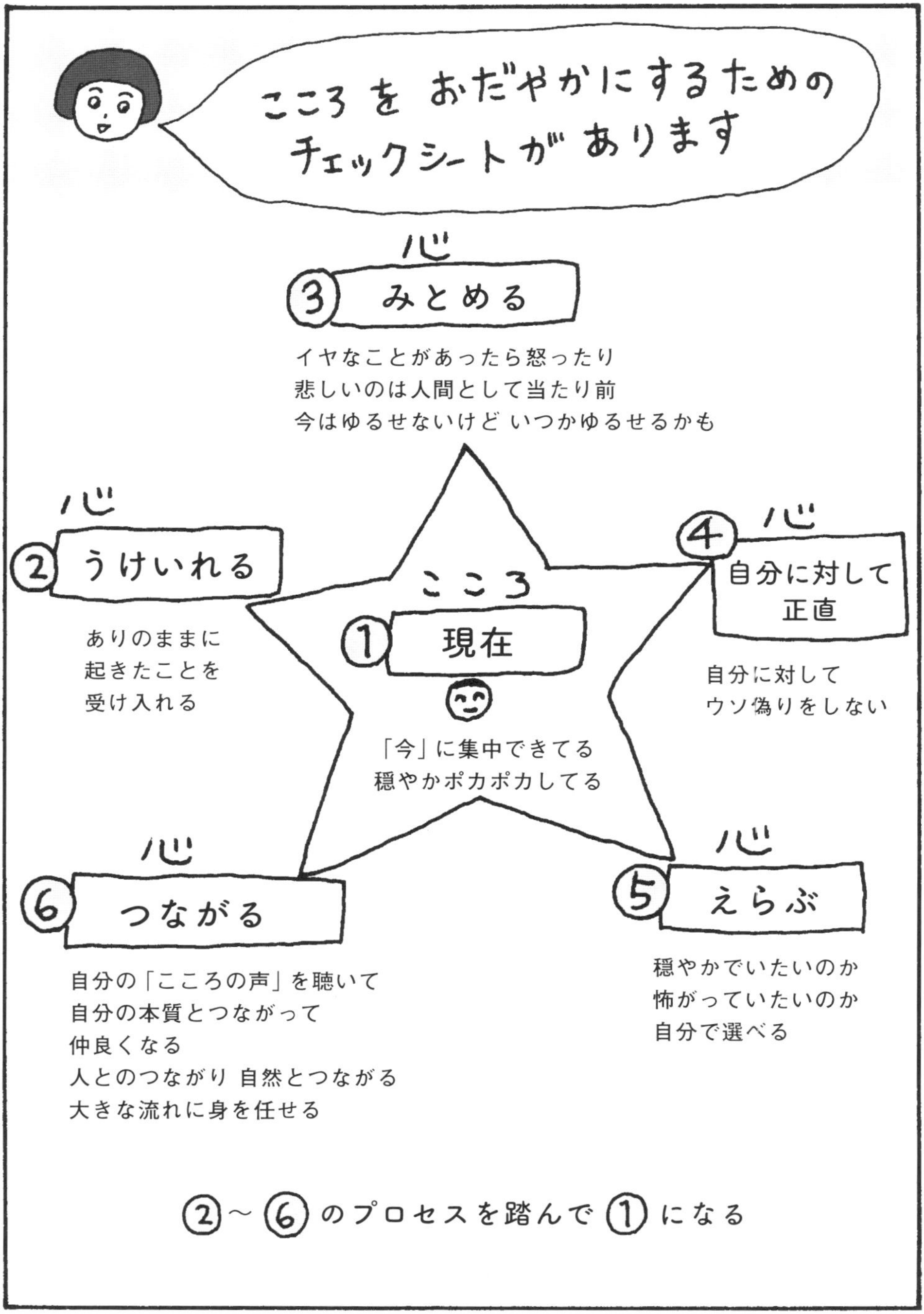

こころを おだやかにするための チェックシートがあります
心
③ みとめる
イヤなことがあったら怒ったり
悲しいのは人間として当たり前
今はゆるせないけど いつかゆるせるかも
心
② うけいれる
ありのままに
起きたことを
受け入れる
こころ
① 現在
「今」に集中できてる
穏やかポカポカしてる
心
④ 自分に対して正直
自分に対して
ウソ偽りをしない
心
⑥ つながる
自分の「こころの声」を聴いて
自分の本質とつながって
仲良くなる
人とのつながり 自然とつながる
大きな流れに身を任せる
心
⑤ えらぶ
穏やかでいたいのか
怖がっていたいのか
自分で選べる
②～⑥のプロセスを踏んで①になる

② うけいれる　「私は今 怒っている」

↓

③ みとめる　「でも人間だから 怒るのも仕方ない」

↓

④ 自分に対して正直　「酷《ひど》いことが起きて 自分が怒っているのは現実だ」と認識する（否認もしない）
怒っているのは本当のことだ

↓

⑤ えらぶ　「今 このまま 引きずって怒っていたいわけ？」
「それとも 怒るのを止めておいしくスイーツ食べる？」

↓

⑥ つながる　決めつけずに話を聴いてくれる人がいたら話してみる
あるいは「何か大きな流れの一部なのかな」と
視野を広げてみる

↓

① 現在

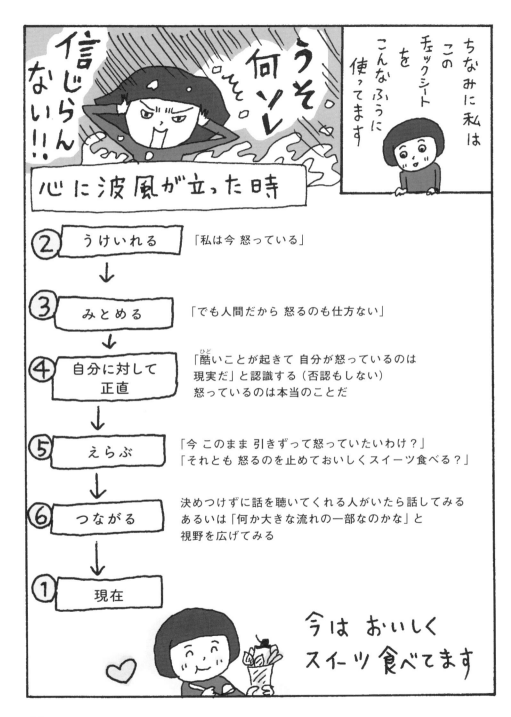

へーこの星マークをそんなふうにして使ってるんですね
ハイ実は私自身も
3
2
4
こころ
6
5
毎日こころが大嵐で台風ばかりでそりゃあ大変だったんです
えーー トモコさんが?!
全然そんなふうに見えない!!
わかります
私もそうでした
最初は
ホントに自分の中にポカポカしたこころがあるの?
って思ってました

でも なんとなく
アレ？ ポカポカ してる？
そう感じる ことが できたんです
へーー
私にも ポカポカは あるんだから
みんな 自分の中に ポカポカした あたたかさを 持ってるんだと 思います
相手にしてあげることは 自分も同時に体験してる ので
めざすは 遠赤外線 ヒーター
ポカ
ポカ
ポカ
ポカ
自分があたたかく 存在してることで 周りもポカポカにできて さらに私もあたたまります

知らないうちに過去や未来に縛《しば》られている
昔あんなイヤなことがあったから
この先もイヤなことはあるだろう
昔
過ぎちゃったこと
や
この先
まだ起きてないこと
は
今
と関係ない
コレに縛られる必要はない
コワイ!!
イライラ
ムカッ!!
ネガティブな気持ちは自分にキケンを知らせてくれてるから大事だけど
長時間一緒にいるほど仲良くしなくていいんです
怒
怖
かかえこまないで
すぐ手放そう

怒り
は
困ってる
というキケン信号
自分が怒ってしまった時は
あ 私 今 困ってるんだ
って思う
そうすると
余裕が出る
怒ってる人を見た時
この人は困ってるんだな
と
思うと
相手の怒りに
引っ張られなくて済む
人は
穏やかで
ひなたぼっこ
しながら
ポカポカしてるか
怖がって
日陰で
イライラしながら
震えてるか

そのどちらかだと思えば
2パターンしかないし
楽です
目からウロコが落ちてる
人の話を聞く時
自分がひなたぼっこしてるように聴いてあげれば
相手もひなたぼっこしながら話してる気持ちになれる

そんなふうに
なかよしに
なっていけたら
いいですよね

コラム

4

ポカポカするということ

心に波風が立っている人には受け入れがたいでしょうが、人間の心は本来ポカポカと平和なもので、工夫によっていつでもその状態に戻れるのです。

「本当に人間の本質はポカポカなのか。顕微鏡で見てきたのか」と言われると困るのですが、私自身、ポカポカしているときが一番楽だし、今まで聴き方のワークショップ（AHのワークショップ）に参加してきた方たちが皆さんそうおっしゃるので、そうなのだと思います。もしも違うとしても、ポカポカが自分の本質だと信じる方が、ずっと生きやすいです。

私は、論文や本、その他の原稿をたくさん書いていますので、常に締め切り地獄に追われています。でも、「間に合うかな。嫌だな。そもそもどんな評価を受けるかな」と思いながら書くと、心がつらいし、作品も駄作になります。

一方、「せっかく心を穏やかにする原稿を書いているのだから、それに集中してみよう」と思うと、心から集中して書けるのです。これは、私が現在に集中している、ということでもあります。

私たちが生きづらさを感じるのは、基本的に、心が過去や未来に行っている、というときです。過去に行っているときは、前にも書きましたが「データベース」に縛られているということ。本当は今はそんなことはないのに、「過去もこうだったから今度もそうなるのでは」と思ってしまうのです。そしてすごいストレスにつながります。

また、心が未来に行っているときには、「もしもこの本の評価が悪かったらどうしよう」などと考えているのです。これは過去のデータベースから出てくる懸念です。あるいは、心が未来に向くと、現在が乗っ取られてしまいます。未来のことを心配しすぎて、「今、ここ」を意識できなくなるのです。

私が聴いた話の中でわかりやすかったのは、花火大会の話です。花火大会が開かれることになって、とても楽しみだった。でも、「当日、もしも雨になったらどうしよう」という懸念がわいてきて、毎日そればかり心配するようになった、ということです。当然現在の喜びなどありません。現在が未来の心配に乗っ取られている、ということです。

でも、いくら心配しようと雨は降るときには降ります。そうなったら、そのときに、次のプランを考えるか、残念をかみしめるか、選択肢はあるのです。実際雨が降ったら、「当日、もしも雨になったらどうしよう」と心配していた日々が完全に無駄になった、と言えるでしょう。

ポカポカは現在にしかありません。未来を楽しみにするのはよいけれども、それが現在のポカポカを損ねないように気をつけたいですね。

（水島）

いざ 聴く練習
では これから 人の話を聴く練習をしたいと思います
1人5分間 話をして もらいます
話をする時のルール
・「私」を主語にして自分自身の気持ちを話す
・自分に評価を下さないで話す
私ちゃんと喋れるかな
話を聴く時のルール
・相手の現在だけを集中して聴く
・雑念雑音が出てきたら 横に置く作業を繰り返す
・相手に評価を下さないで聴く
やったことないし できるのかな

普段みなさんが
無意識にしてる
聞き方は
雑音と雑念が
ひっきりなしに出てる
聞き方だと思うんです
今日は
話を聴いてる間は
必死に雑音と雑念を
横に置く作業を
繰り返してください
5 0 0回雑念が出たら
5 0 0回置いてください
…
…
そして今日は
人の話を聴く
練習なので
話すのがニガテだ
という人は早めに
話してください
ぎくっ
人の話を
聴いてる時
自分は
何を
喋ろうか
キンチョウして
ちゃんと喋れる
だろうか
どーしよう
どーしよう
この人
話が上手
頭の中がこういう
雑音のオンパレードに
なります

それではせっかくここまで来たのに練習になりませんので
早く話して練習に集中してください
どうしても話せない人は「沈黙します」と言ってから黙って終了時間が来るのを待ってください
このヒヨコのタイマーがピヨピヨ鳴ったら終了の合図です
0:00
それでは始めます
一番最初に話したい人
ハイッ
それではお願いします
ピッ
えーと
えーと
はっ
ガーン
手を挙げたものの何を話すか考えてない!!

えーと今日は話を聴く練習をしに来たので
私は喋るのがとてもニガテなので
話すのがニガテな人は先に話してくださいというので手を挙げました
えーとえーと
うわーどーしようどーしようどーしよう
私は話すのがとてもニガテでたくさんの人の前だと頭が真っ白になって何も言えなくなるので
こういう時本当に困ります
もっと話せるようになれたらいいなと思ってボイストレーニングとか通ってみたのですけどムリでした

はっ
私は何を言ってるんだ!!
えーと
えーと
いっ今何分ですか？
1分経ちました
あと4分です
まだそんなにあるの?!
えーと
えーと
自分の気持ちを話す!!
今の自分の気持ちを正直に言うと
話すのがニガテなのでとてもシンドイです
はっ
何を言ってるんだ私!!
えーと
えーと
だめだ!!
もうムリなので沈黙します!!

シーーン

ピヨピヨピヨ
ハイ終了です
ハー
これで聴く練習ができる!!
では次に話してくれる人
ハイ
それじゃお願いしまーす
ピッ
えーボクの話をします
うわっこの人キンチョウもせずラクラクと話せるんだ
うわっこの人キンチョウもせずラクラクと話せるんだ
あっ

雑音てコレか!!
うわっこの人キンチョウもせずラクラクと話せるんだ
コレを
横に置く
相手の話に集中!!
話すのが上手な人だなあ
話すのが上手な人だなあ
はっ
横に置く
結構大変なことを乗り越えてきたんだな
はっ
横に置く

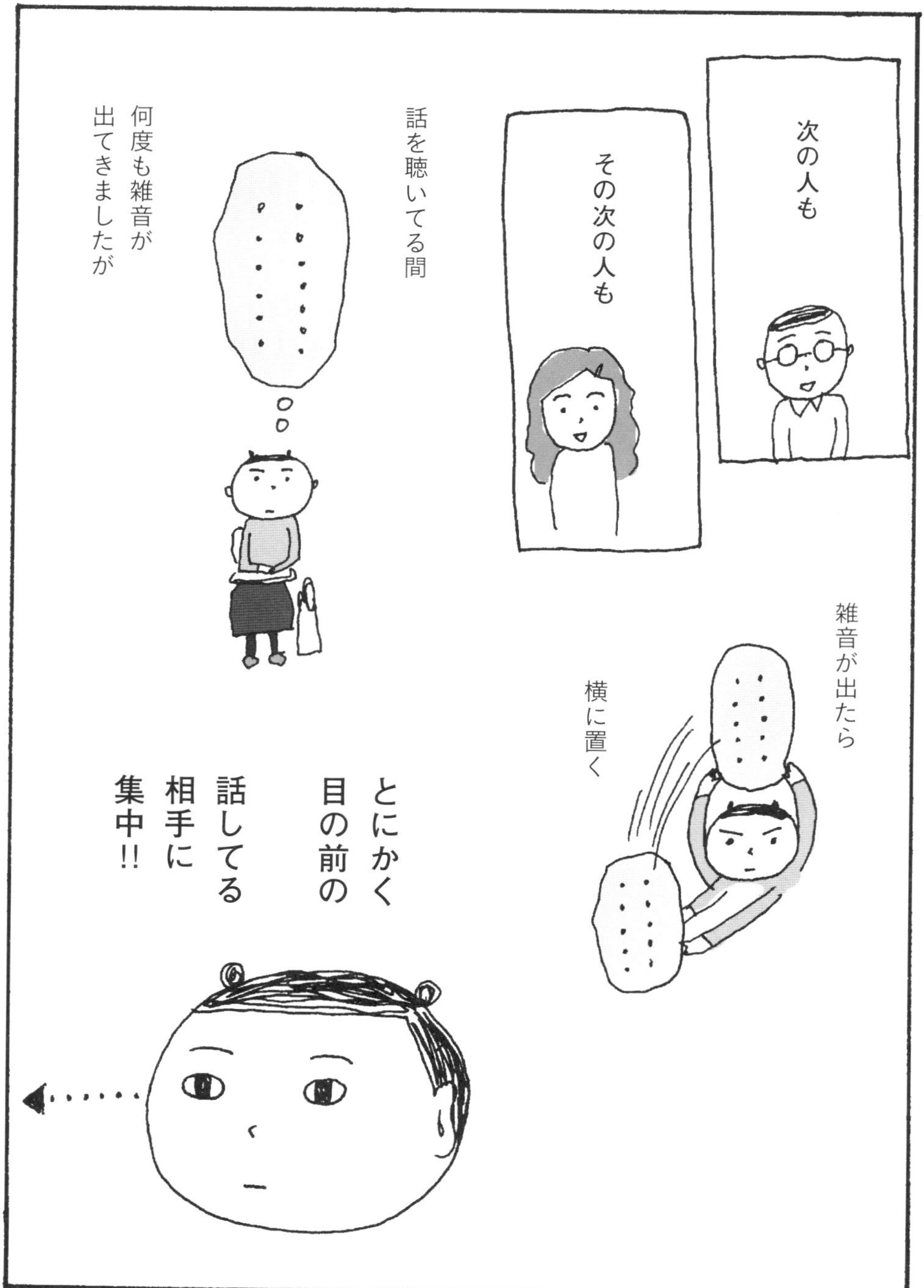

次の人も
その次の人も
話を聴いてる間
何度も雑音が
出てきましたが
雑音が出たら
横に置く
とにかく
目の前の
話してる
相手に
集中!!

という作業を
14人×5分＝70分
やり続けたのでした

話を聴く練習をしてみて
全員が話し終わりましたね
どうでしたかみなさん
こんなふうに人の話を聴くのは
初めてだったと思うんですけど

たくさんの人の話を聴いたのに
思ったより疲れてないです
この場の空気があたたかく感じました
つながってるような気がしました
なんとなく
穏やかな気持ちになってます
自分を受け止めてもらえた感じがします

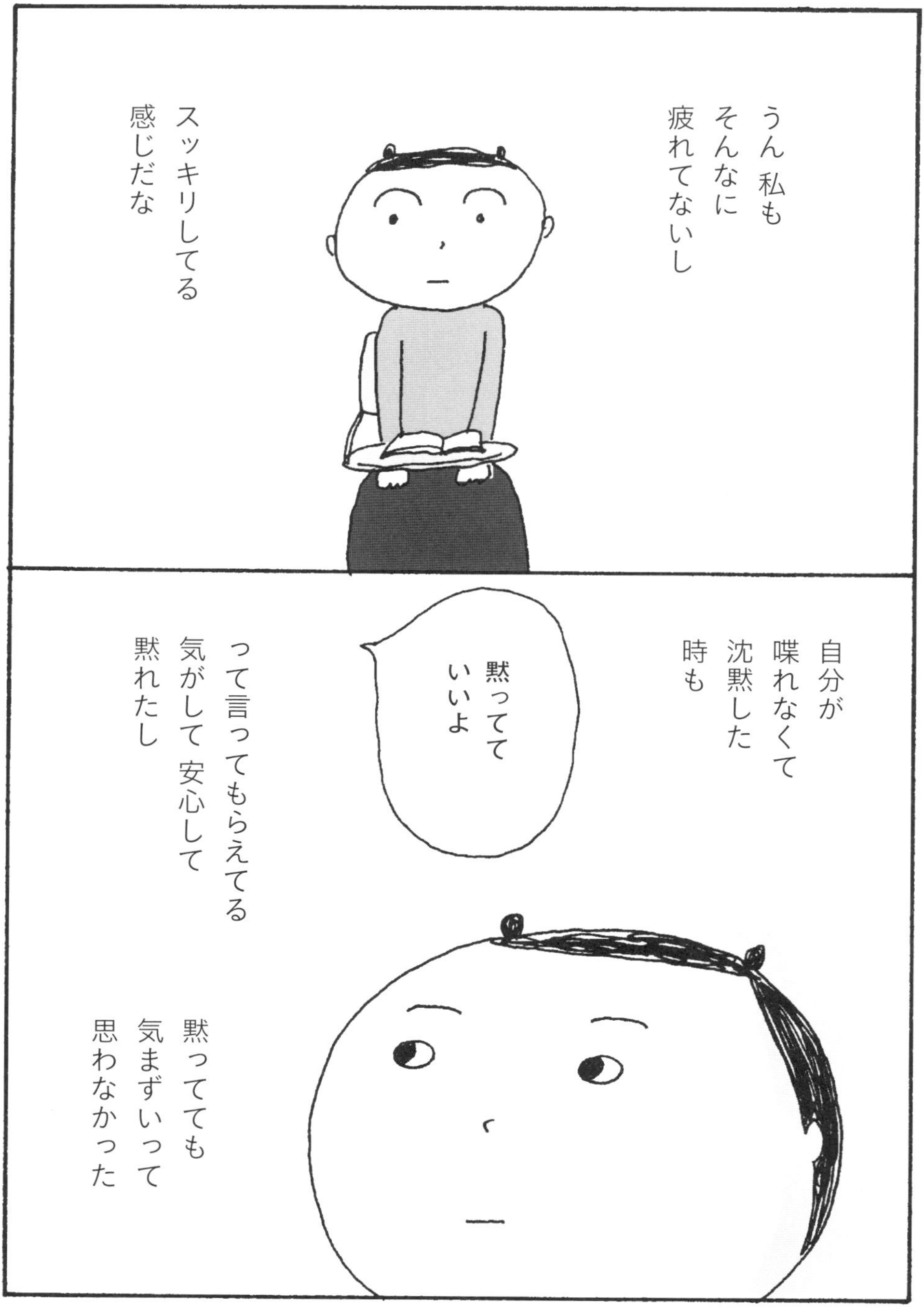
うん 私も
そんなに
疲れてないし
スッキリしてる
感じだな
自分が
喋れなくて
沈黙した
時も
黙ってて
いいよ
って言ってもらえてる
気がして 安心して
黙れたし
黙ってても
気まずいって
思わなかった

人の話を聴いてる時
雑音や
雑念
を
横に
置くのに
必死だったけど
あんなに
自分の中に
思いや
考えが
浮かんでる
なんて
気づかなかった
今まで 私は
人の話を真剣に聴いてる
つもりだったけど
相手の話がちゃんと
聴こえてなかったのかもなあ

自分の中に「ポカポカ」が
あるのかどうかは わからなかったけど

ここにいるみなさんと同じように
「穏やか」は感じられてる

誰かの話を聴いて
こんなに
穏やかで
いられるなら
いいなあ

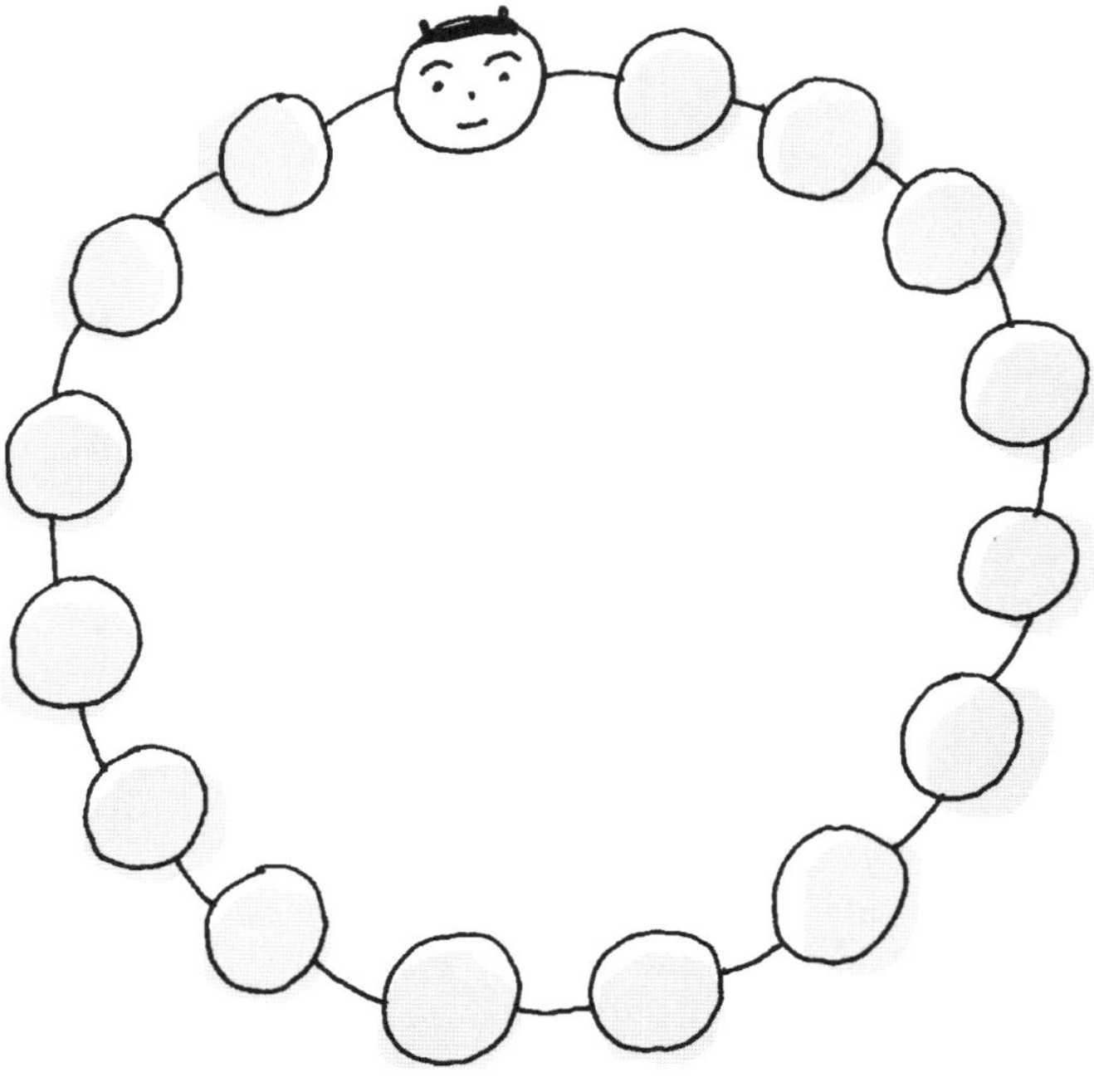

でも 結構
つらい話を
聴いたのに
こんなに
穏やかで
いいのかという
戸惑いが
あります
あ それは
それでいいんです
最初って
そんな感じ
なんです
本当は杖をつかなくて
歩けるのに
いつも杖をついちゃってる人が
杖を外されて
ぐらぐらしてる感じ

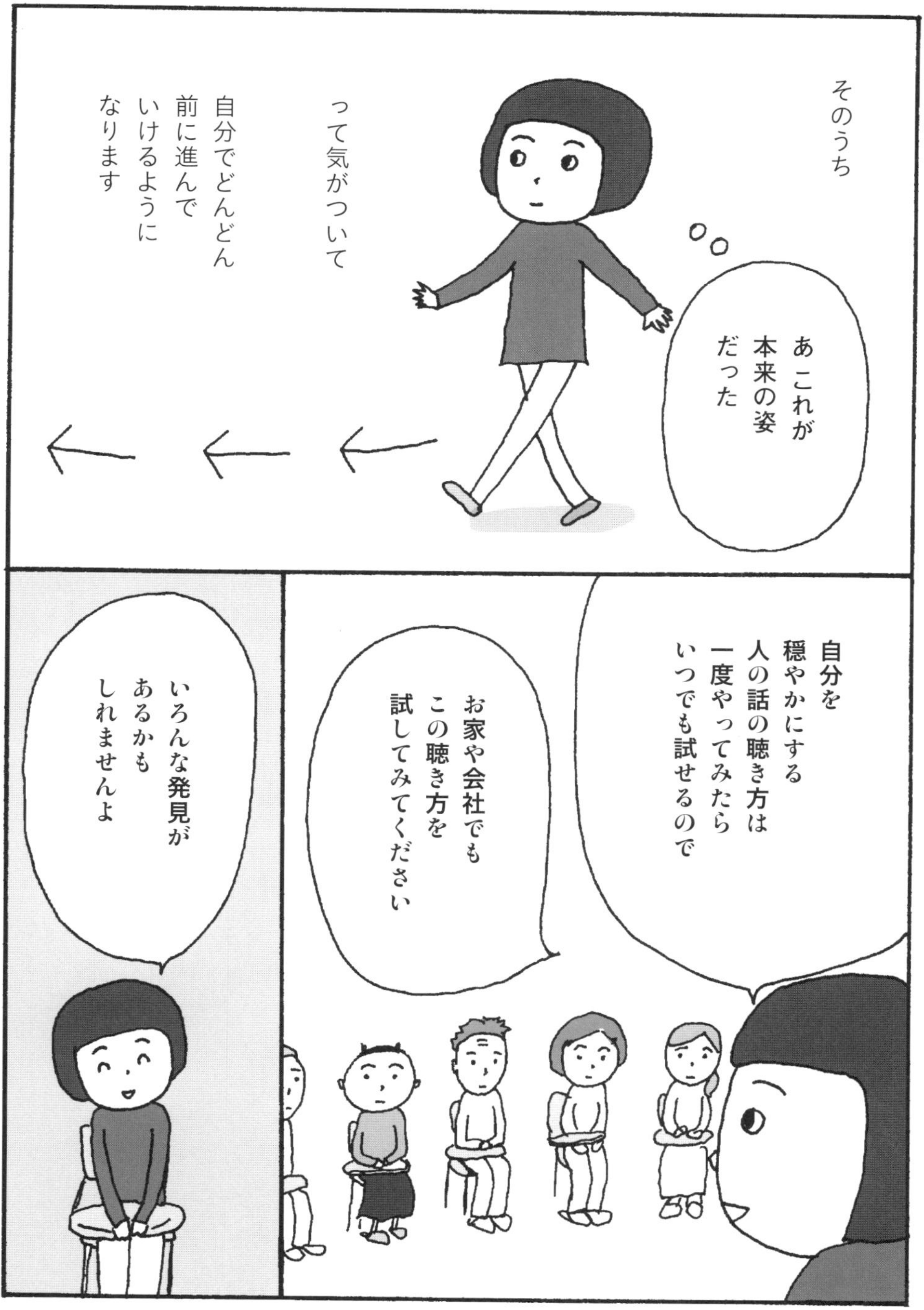
そのうち
あ これが本来の姿だった
って気がついて
自分でどんどん前に進んでいけるようになります
自分を穏やかにする人の話の聴き方は一度やってみたらいつでも試せるので
お家や会社でもこの聴き方を試してみてください
いろんな発見があるかもしれませんよ

コラム

5

雑音を横に置くと、なぜ穏やかになれるのか

前にもお話ししましたが、人の話を聞いていると、数秒のうちに何らかの思考が浮かんできます。「今、何を言ったかわからなかった」「この人の話し方は苦手」「そんなことをするから、苦労するんでしょ」のように相手に関する思考が浮かぶこともありますし、「この後何を言ってあげたらよいのだろう」「この人はいつまで話し続けるのだろう」とか、「今日の晩御飯はどうしよう」などと自分の話も含めて、いろいろな思考が浮かんできます。

貂々さんはそれに気づいて「横に置く」という作業をまじめに繰り返してくださいました。「横に置く」という軽いニュアンスはとても重要なもので、「思考が浮かんでしまった」と自分を責めるのを防ぐことができます。「思考が浮かんでしまった」と自分を責めるのは、ますます思考の世界にはまっていくこと。このとき、私たちは自分自身のことしか考えておらず、相手とのつながりを失っているのです。

ですから、深刻にとらえて自虐的になるのではなく、横に置く、脇に置く、というくらいの軽さがちょうどよいのです。

そうして相手の現在に戻れれば、穏やかな気持ちが戻ってきます。今までワークショップに出られた方の感想は、「相手との境界線がなくなった」「この人は大丈夫だ、と力強さを感じた」「聴いていてとても楽だった」「この後どう返そうか、ということを考えずにすむのはすごくよかった」などが代表的です。

この「横に置く」聴き方と、相手の話にどっぷりつかって解決策を考えるのとでは、大きな違いがあります。解決策を考えるためには、相手を客観視する必要があります。すると当然「つながり」が失われ、自覚しなくても「上から目線」で相手を見ることになるのです。

専門家は相手にとかく知識を与えるもの、と思われているかもしれませんが、「今、これを相手に求めるのは不適切だな」と思って言葉を控えることが私にはよくあります。

相手にとってちょうどよい時期に、ちょうどよい助言をするのは確かに役立ちます。でもそれは、専門家、あるいは相手を本当によく知っている人以外には無理ですし、普通の会話では、助言が関係性を損ねることの方が多いでしょう。

アドバイスをしなければ自分の存在価値がない、などと思う必要はありません。じっくり聴いてあげれば、相手は案外自分の進み先を見出すことができるのです。その相手の力を信じるのも、大切なことなのではないでしょうか。人間は安全な空間でこそ、進歩する。これは黄金の鉄則です。

（水島）

聴く練習
応用編
今度は応用編のワークショップに行ってみました
ドキ ドキドキドキ
ドキ。
ドキ
応用って 何をするんだろう
今日は基本は前回と同じですが
ファシリテーターのトモコさん
人の話を5分間聴く作業を2パターンやります
2パターン…
同じ話を2回
違う姿勢で聴いてもらいます

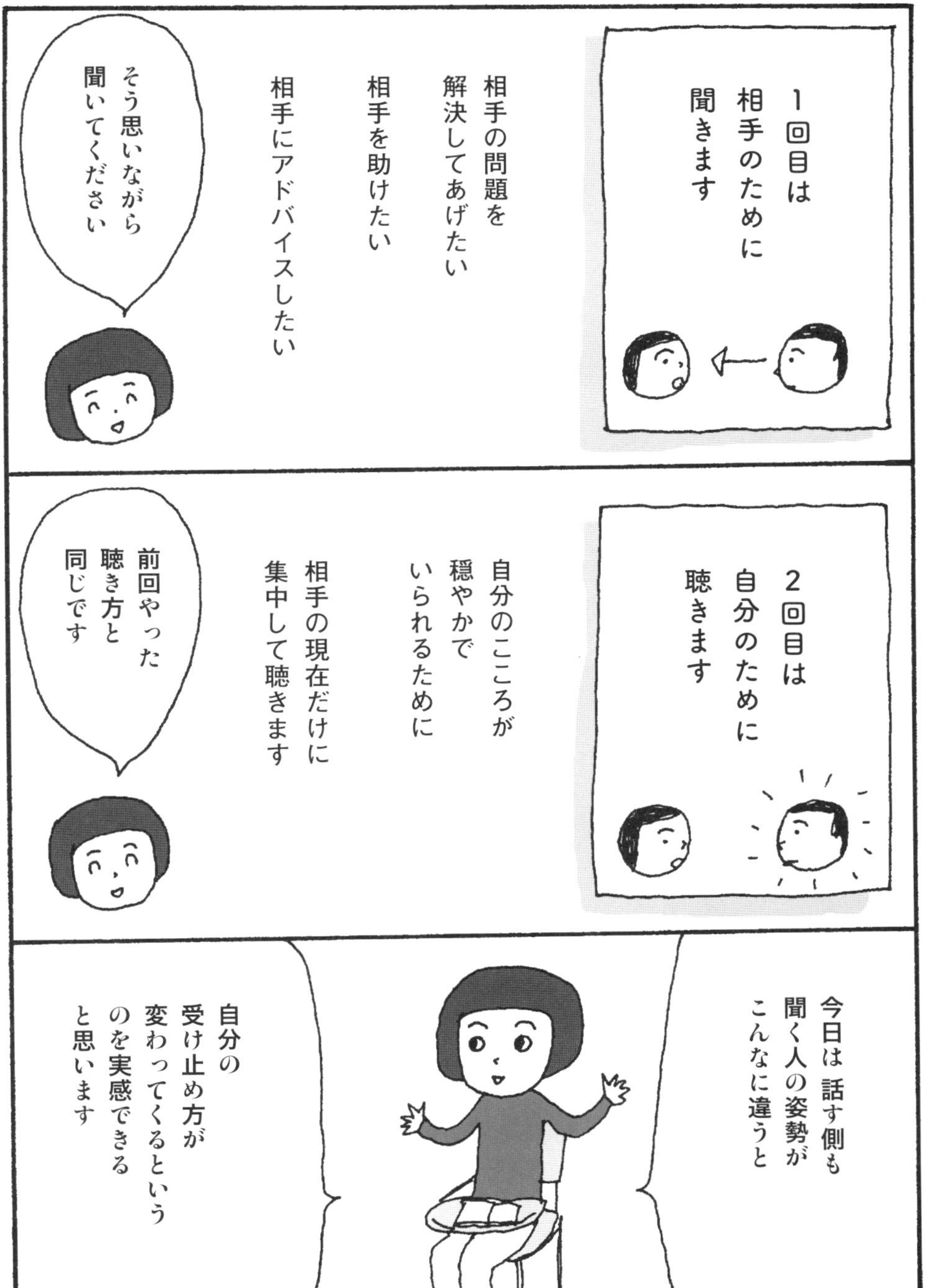
1回目は相手のために聞きます
相手の問題を解決してあげたい
相手を助けたい
相手にアドバイスしたい
そう思いながら聞いてください
2回目は自分のために聴きます
自分のこころが穏やかでいられるために
相手の現在だけに集中して聴きます
前回やった聴き方と同じです
今日は話す側も聞く人の姿勢がこんなに違うと
自分の受け止め方が変わってくるというのを実感できると思います

それでは話したい人
ハイ
ではまたこのヒヨコタイマーがピヨピヨ鳴ったら終了です
どうぞっ
ピッ
0:00
この人を助けたいと思って聞けばいいんだな
それはこの人の思い込みなんじゃないかなあ
とはいえ怒るのもムリないか
いやーでも考え過ぎなんじゃ
あっそうかアドバイスしなきゃだ
何て言ってあげたらいいんだろう
あなたが思ってるほど相手は悪くないですよ
イヤイヤこれじゃアドバイスにならん
私がこの人の立場だったらどう考えるか…
一体何て言ったら…

ピヨピヨピヨ
ぐったり
あーあんなに考えたのにいい解決法は浮かばない
やっぱり私こういうのニガテ〜〜
ハイでは同じ話をしてもらって
今度は自分のために聴きます
相手の話に集中する
自分も相手も評価しない
雑音が浮かんだら横に置く
そういう聴き方を5分間してください
どうぞ
ピッ

集中
お!!
さっきより
いい考えが
浮かんだぞ
↑思考（雑念）
横に置く
集中
そっか
そんなこと
言われた
それで
怒っちゃった
のか
↑共鳴（雑音）
横に置く
だからって
その言い方は
よくないかも
だからって
その言い方は
よくないかも
はっ
↑評価（雑念）
ささっ

とにかく集中
さささっ
集中
ピヨピヨピヨ
自分のきき方の姿勢を変えて話を聴く練習
どうでしたか？

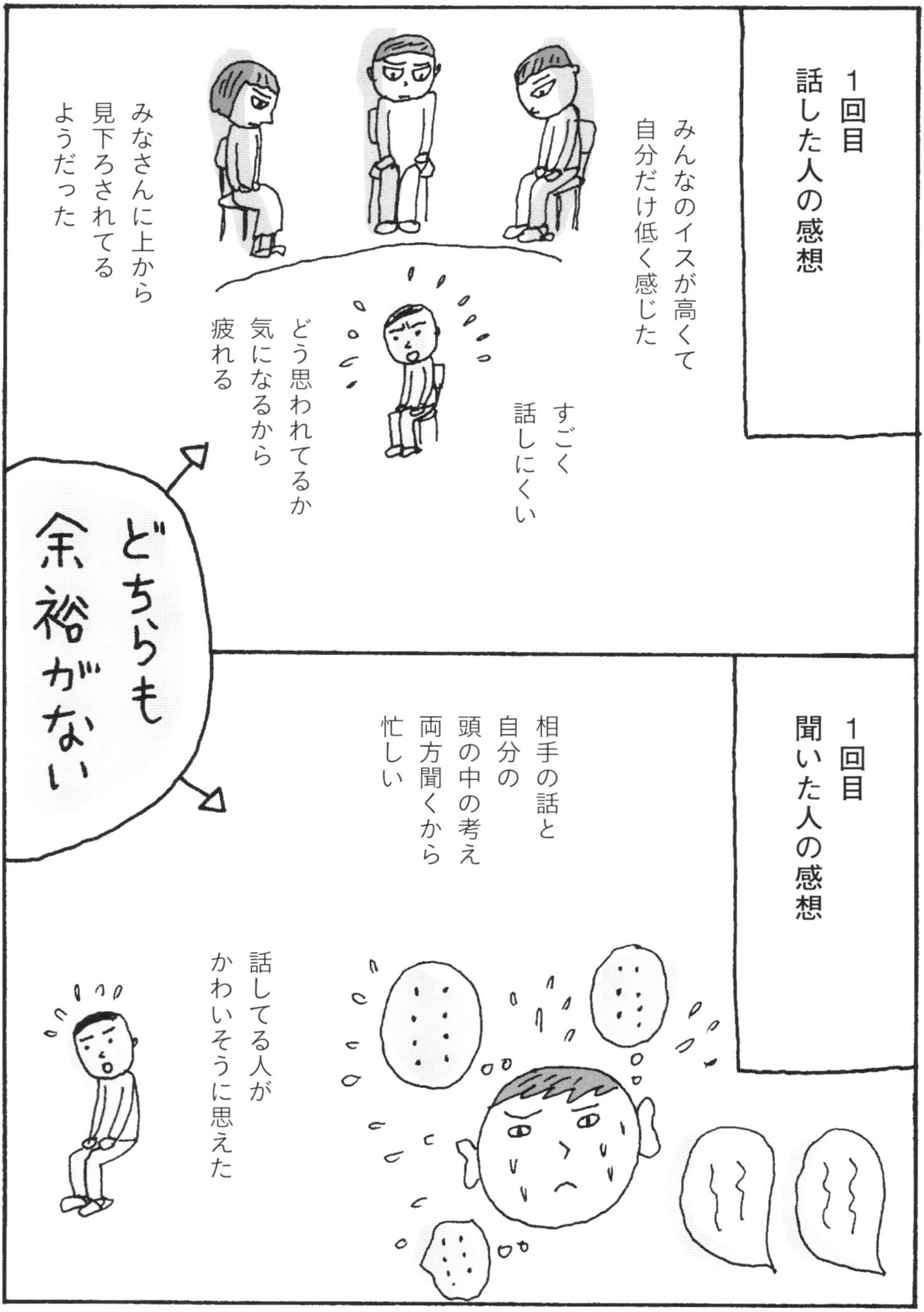
1回目
話した人の感想
みんなのイスが高くて
自分だけ低く感じた
すごく
話しにくい
どう思われてるか
気になるから
疲れる
みなさんに上から
見下ろされてる
ようだった
どちらも
余裕がない
1回目
聞いた人の感想
相手の話と
自分の
頭の中の考え
両方聞くから
忙しい
話してる人が
かわいそうに思えた

2回目
話した人の感想
みんなで一緒に原っぱに座ってるような感じがして話しやすかった
どちらも余裕がある
2回目
聴いた人の感想
話してる人が強く見えた
親近感があった
安心してその場にいられた
あたたかい空気を感じた

へー
いやーたしかに私も
1回目の聞き方より
2回目の方が楽だ
今まできき方の
違いなんて
考えたことも
なかったけど
こんなに
違うのかー!!
目から
ウロコ
落ちまくり

何かを考えてる時
「今」にいない

余計なことを
考えないと
「今」にいる

「今」に集中できたら
自然体でありのまま
でいられる

自然でいる

そのまんまで
いる

そういうのって

楽なんです

コラム

6

きき方の違い

すでにお話ししてきましたが、「聴く」というのはとても大切です。

貂々さんが体験された「きき比べ」は、ＡＨの参加者とともに考えたものなのですが、とてもわかりやすいやり方だと思います。

ＡＨでは、一人一人の心が平和になりますから、社会平和につながると信じていますが、「社会平和のために」と思った瞬間にＡＨではなくなってしまうので、あくまでも「責任が持てるのは、自分の心の姿勢だけ」に徹してもらいます。

そう考えると、「相手を助けたい」は、ＡＨから逸脱しています。人を変えることはできないというのがＡＨの基本です（もちろん、人は自発的に変わりますが）。

実験では、「相手を助けたい」（第一回）、「自分の心の平和のために、助けたいという気持ちを横に置きながら聴く」（第二回）のきき比べをします。

多くの方が、「一回目は頭が疲れたし、なんだか相手に対して上から目線になってしまった」とおっしゃいます。貂々さんが描いてくださったように、「他の人の椅子ばかりが高くて、自分は低いところにいると感じた」という感想を述べる方も多いです。

一方、ＡＨ式の聴き方では、草原に一緒に座って話している、あるいは、温泉につかりながら一緒に話している、という感じ、とおっしゃる方が多いです。

これはとても興味深い発見です。「相手のために」話を聞いている人は多いと思いますが、疲れてしまうのです。話を聞かれている側も、上から目線のアドバイスなどを受けて気分を害したり傷ついてしまったりすることが珍しくありません。また、変な突っ込みを入れられないように、と警戒して、心を開くどころか、相手が満足しそうな話を敢えてしたりします。

一方、「自分の心の平和のために」、相手の現在だけに集中して聴くと、聴く側も楽だし、上から目線どころか、相手の持っている力を感じ取ることすらできます。相手が何を話そうと、ありのままの相手と一緒にいられる。この感覚はとても楽なものです。また、話し手の側も、どんな自分でも受け入れてもらえる、という安心感があるため、自由に話せますし、そんな中で気づきがあってプロセスを前進したりすることができます。

実際のワークショップでは、例えば15人の悩みを、一人5分間ずつきくと、1時間以上に及ぶわけですが、「相手のために」聞くと消耗したりイライラしたりするのに対して、「自分の心の平和のために」聴くと、物理的には疲れるとしても精神的に疲れることはなく、ポカポカとした温かさを感じることができます。「燃え尽き」につながるのは、前者の聞き方ですね。

（水島）

聴き方を変えると
～トモコさんの場合～
私がこういう
話の聴き方を
やってみようって
思ったのは
自分とお母さんの
関係が悪かった
からなんです
!
私は お母さんが
嫌いだったんです
思春期の頃からずっと
つい最近まで何十年も…

なんで嫌い
だったかというと
ウチの母は
人の悪口とか
グチとか
文句とか
ネガティブな話
ばっかりするん
です
私自身のことにも
いつも批判的
トモコさんの母
お母さんは
そういうこと
ばかり言って
るから
人とうまく
いかないんだよ
むかっ
でもね ぁの人の
方が悪いのよっ
私は
悪く
ない!!
トモコさんの母
だから!!
そーゆー態度が
よくないんだって!!

母と一緒にいるのがイヤですごく苦しかったんです
この人はなんてこころが醜いんだろう…
はー
母との関係は私の生活仕事恋愛に悪影響を及ぼしていて…
もーイヤ…
私は疲れ切っていました
そんな時たまたま雑誌でこのワークショップのことを知ったんです
人の話を聴くことでこころが穏やかになる？
そんなことできるの？

あまりにも
苦し過ぎた
ので
できることは 何でも
やってみようと思いました
こんにちは
ワークショップを受けた時は
よくわからなかったんですけど
なんとなく
あたたかいな
とは 思ったんです
家に帰って
またお母さんの
グチ大会が
始まった時
また
コレか…
トモコさんの母
そうだ…
ワークショップで
教わった聴き方
をしてみよう
ブツブツ
ブツブツ
トモコさんの母
グチグチ
集中

ブツブツブツブツ
ふんふん
グチグチグチ
へーー
自分の考えは置いといて
それお母さんが悪い
目の前のお母さんの話だけを聴くようにしたんです
お母さんのグチ大会が始まったら
ワークショップで教わった聴き方をする
トモコさんの母
それを繰り返しているうちに
気づいたら

トモコさんの母
お母さんが柔らかくなってたんです
アレ!! そういえば最近お母さんとケンカしてない
家の中の空気も穏やかな気がする
なんで?
ちょっときいてよ!!
トモコさんの母
はーい
ハイハイ何でも聴くよ
あ…
そうか…

私が
お母さんの話の
聴き方を
変えたから
だ!!
お母さんのグチ大会は短い話で終わるようになってきてるし
お母さん今日は
トモコさんの母
こんなことにハラが立った
以上!!
私がグチ話をする時お母さんも私と同じ聴き方で聴くようになってる
トモコ母
こんなことにハラが立った
以上!!
以前母は父のことを
好き勝手なことして!!
トモコ母
と怒ってたのに
もうお父さんの好きにさせることにした
トモコ母
なんて言い出して…
あんなに文句言ってたくせに…

結果的に
自分の周りにいる人が
みんないい感じになって
トモコ母
今はとっても
母と仲良し
なんです
へー
だから
穏やかになる聴き方を
してもらうこと自体が
相手にとってすごく
心地良いもので
自分も同じようにしたく
なっちゃうものなんだなあって
思ったんです

あのっ
それはお母さんに変わって欲しいと思ってきき方を変えたんですか？
ううん
自分が楽になりたくて始めたんです
お母さんは何十年も変わってなくて
この人を変えるなんて絶対ムリ!!
と思ってました
トモコ母
でも母のネガティブ話はどうしたってきかなきゃいけないから
それなら自分が楽になる方法で
聴いてみようと…

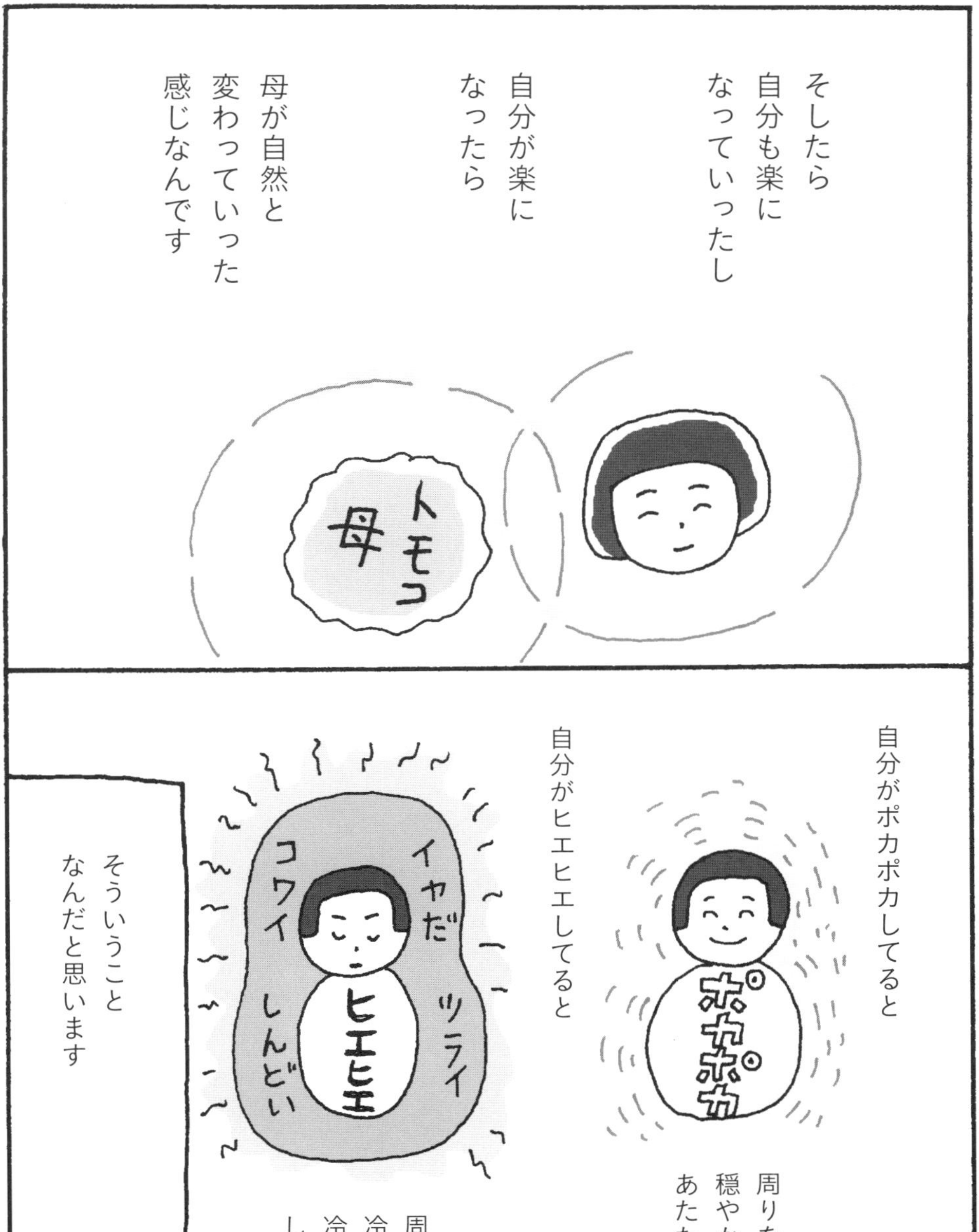

そしたら
自分も楽に
なっていったし
自分が楽に
なったら
母が自然と
変わっていった
感じなんです
トモコ
母
自分がポカポカしてると
ポカポカ
周りを
穏やかに
あたためる
自分がヒエヒエしてると
イヤだ
ツライ
コワイ
しんどい
ヒエヒエ
周りを
冷たく
冷やして
しまう
そういうこと
なんだと思います

コラム

7

相手を変えようとしない聴き方

人を変えることはできません。

突然そう言われて、誰かを必死で変えようとしている人は憤慨するかもしれません。

しかし、そうなのです。人間が生物である以上、自己防御能力が備わっています。「この人は私を変えようとしている！」と思うと、必ず、防衛や抵抗が起こるのです。「絶対に変わるものか」という気持ちが、意識的にしろ、無意識にしろ、生じます。

もちろん人間は変わることができます。でもそれは、自分に準備ができて、自分から変わろうと思うとき。人が変えようとしたときではありません。相手が怖ければ、あるいは圧倒的な力関係があれば、変わったようにふるまうことはあります。でもそれは本当の変化ではないため、長続きもせず、心の中に反抗心を残すだけとなります。積極的に自ら努力する、というステージには至らないのです。

トモコさんのお母さんもそうだったの

でしょう。自分のあり方を変えようとするトモコさんに対して、お母さんは自分を正当化するのに必死だったのです。

これは、「正しさの綱引き」とも言えるものです。どちらにとっても、自分が言っていることは「正しい」のです。そして、どちらの方が本当に正しいか、というモードに入ってしまうと、綱引きにますます力が入って、変わるどころか、より険悪な関係になってしまうのです。

心を平和にするためには、どこかで自分の「正しさ」を手放す必要があります。これは、自分が間違っていると認めるという意味ではありません。「誰にとっても、その人なりの正しさがある」と認める、ということです。つまり、「正しさ」のレベルで相手を変えようと努力するのをやめるということです。

トモコさんがやったことは、お母さんを変えるのをやめようとしたことです。

トモコさんと話すことは、お母さんにとって安心な場になったのです。だから必要以上に自己正当化することがなくなり、また、相手の話も、同じように聴く、という気持ちになったのだと思います。

自分のデータベースを手放して、相手の現在だけを聴く、ということにはこういう効果があります。

以前、おもしろいことがありました。AHのワークショップに参加した女性が、参加の動機を、「ある日を境に、夫がとても穏やかでよい雰囲気になった。夫からは直接聞かなかったけれども、調べたら夫がここのワークショップを受けていたことがわかった。あの夫を変えたのだから、どんな場なのだろうと思って、今日は自分が参加することにした」と語ったのです。

これはすばらしいことです。まず、夫は、妻に、AHのワークショップに参加するように、とは決して言っていません。もしも「参加するように」と言ったとしたら、それは相手を変えようとしている、ということであり、相手の警戒を生んだでしょう。妻は「夫はおかしなものにはまってしまったのではないか」と不安になり、自分も同じワークショップに参加しようとは思わなかったはずです。

でも夫は、妻を変えようとせず、自分が変わったのです。そしてその変化を見た妻が、「夫は何を体験したのだろうか」と関心を持って、自らワークショップに申し込んできたのです。

時々、自分の配偶者にAHを体験させたいけれどもどうしたらよいか、という相談をいただきます。そういうとき、私は、相手を変えようとした時点で、AHではなくなっている。自らが相手を変えようとしない聴き方をしていけば、それは遠赤外線ストーブのように、ポカポカと相手を変えていくのではないか、と答えることにしています。

相手を変えようとせず、ありのままを聴く聴き方。それが持つ力は、無限の可能性を持つのです。

（水島）

第3章

もっと知りたい聴く技術

ワークショップを受けてみて
また水島先生に会いに行きました
どうでしたか？ワークショップを受けてみて
ハイ
トモコさん
人の話をきく時の
姿勢が変わったような気がします
前はもっと自分の考えと照らし合せながら人の話を聞いていたんですが
今はそれをしないように心掛けています

それで いくつか
これは こういう ことなんですか？
というギモンが 出てきたので
水島先生に お聞きしても いい ですか？
私も一緒に 聞いてて いいですか？
ハイ いいですよ

疑問1
相手を変えようとしない
ワークショップを受けて気づいたんですけど
水島先生が人の悩みを聴いて疲れないのは
相手を変えようとしてないからなんですね？
そうですっ
疲れる人たちは変えようとする（解釈しようとする）人たち
相手を何とかしよう役に立とうと聞くと疲れる
そういうふうにしないで
相手の現在
ココとずれてないように相手の現在を聴けるようにする
大事
「相手を変えようとしない」というのは聴き方のひとつのテクニックです

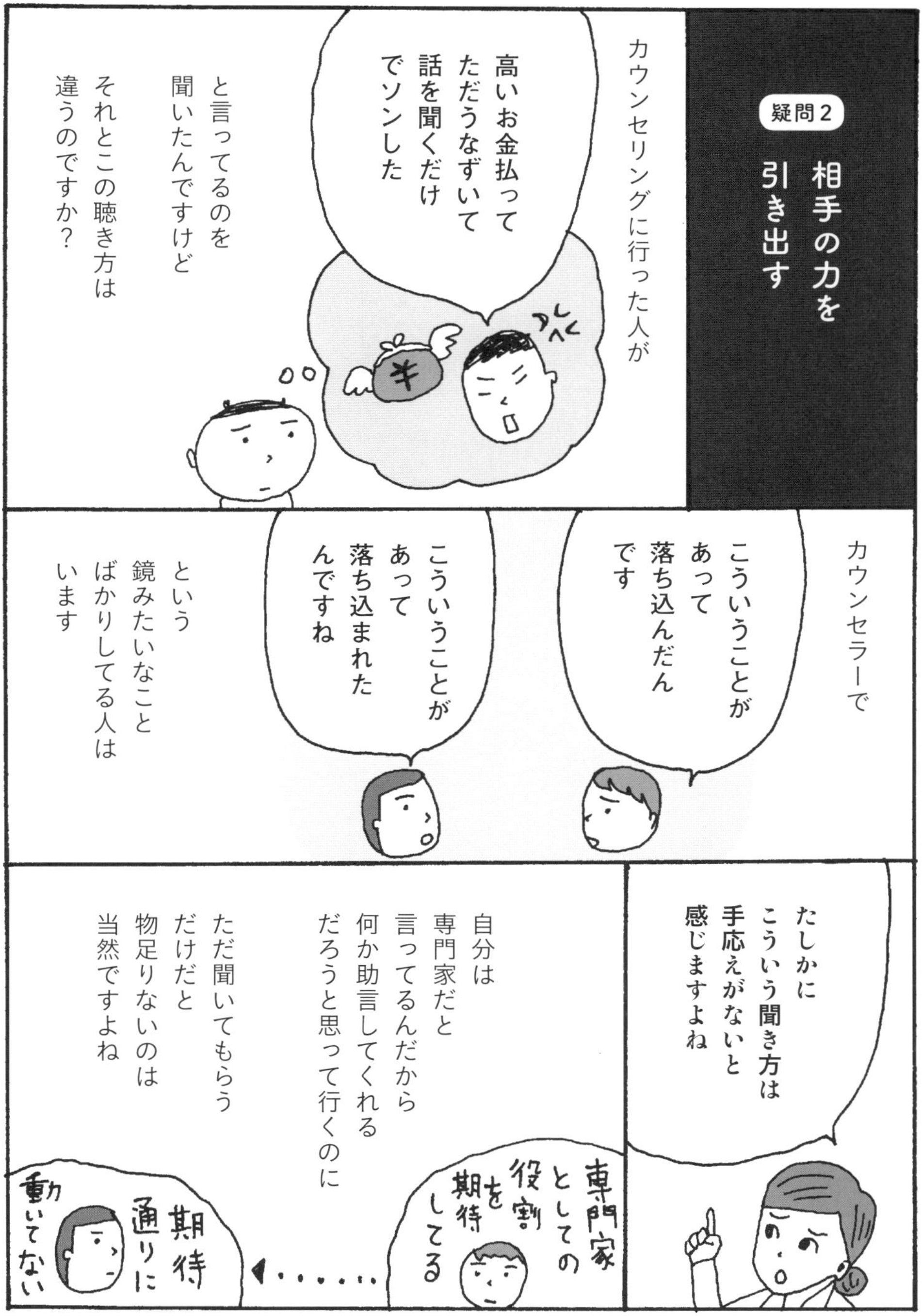

疑問2
相手の力を引き出す
カウンセリングに行った人が
高いお金払って ただうなずいて 話を聞くだけ でソンした
と言ってるのを 聞いたんですけど それとこの聴き方は 違うのですか？
カウンセラーで
こういうことが あって 落ち込んだん です
こういうことが あって 落ち込まれた んですね
という 鏡みたいなこと ばかりしてる人は います
たしかに こういう聞き方は 手応えがないと 感じますよね
自分は 専門家だと 言ってるんだから 何か助言してくれる だろうと思って行くのに
ただ聞いてもらう だけだと 物足りないのは 当然ですよね
専門家 としての 役割 を 期待 してる
期待 通りに 動いてない

もちろん治療者とカウンセラーの役割は違うので
カウンセラーであればただ聴くだけというのはありだと思います
ただ聴く側の姿勢として
2日目にやったワークショップ覚えてますか？
ハイ
同じ話を姿勢を変えて2回きくやつですね
1回目の聞き方
相手を助けたいモード
この姿勢だと
お互いに自分の意見に縛られて話すので進歩がない
助けたい
なんとかしたい
この人を良くしたい
助けてくれるにちがいない
わかってもらうためにたくさん説明するぞ

2回目の聴き方
目の前にいる人の現在を聴く
今、この人はこんなふうか
素直に自分の気持ちを話せるので
話してる間にその人が変わっていく
楽に話せるから素直な気持ちを出せる
人はいちいちオウム返ししてあげなくても
自分で迷路を抜け出す力を持ってます
安全な状況に置かれるとその人の力が出てきます
2回目の聴き方は相手の力を引き出すための聴き方でもあるんです
へー
「ただ聴く」でもずいぶん違いますよね

疑問3
決めつけないで
ただ聴くだけ
ワークショップの時
シンドイ話を
聴いたのに
穏やかな気持ち
でいることに
戸惑っています
という人がいました
重い話を重く
受け止めなくても
いいんでしょうか？
「重い話は
重く聞かなければ
いけない」
というのは
迷信です
えっ
重い話
だろうと
軽い話
だろうと
評価を
下さないで
聴く
これが大事
ピョン
ピョン

話の中身が
どれほど悲惨な
内容を語って
いたとしても

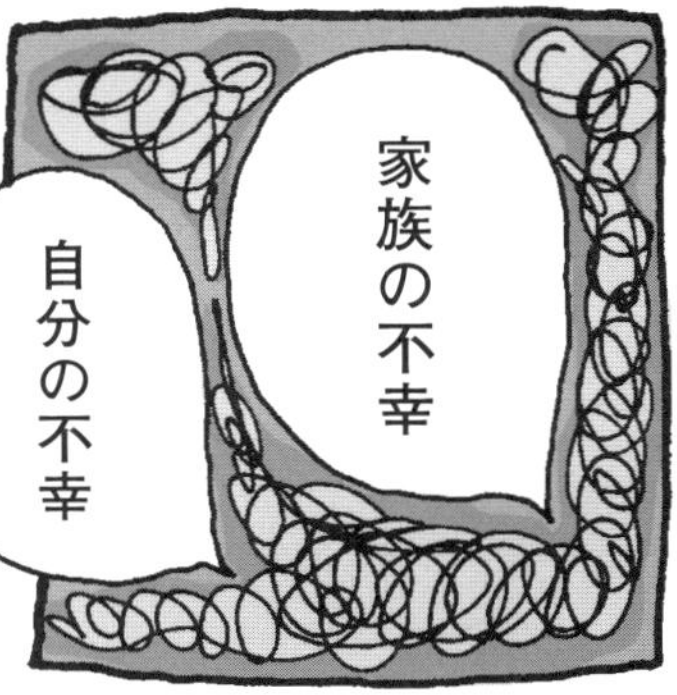
家族の不幸
自分の不幸

この人は 誰にも
言えなかった
ことを
この場でこうして
一生懸命 話して
くれてるんだな

と
聴く

重い話
軽い話

そんなふうに
決めつけないで
ただ聴いて
もらえることが

相手にとって
すごくあたたかい
体験なんです

重い話を重いものとして聞いてしまうと
話した人を不幸にしてしまうこともあります
へえ!!
ようやく信頼関係ができて思い切って自分のつらい話をしたのに
チーン
暗くなられてしまうと
はっ
しまった!!話さなきゃよかった!!
打ち明けた側は後悔するんです
過去の傷が大きいほど話す時覚悟が必要になるし
「特別な人」みたいに思われて同情されるのもつらいことです
あ…あの

私はシンドイ話を聞く時にどうしていいかわからなくなって焦っちゃうんですけど……
そういう時は相手に
ただ話を聴くことしかできないけどいい？
と確認してから聴くといいと思います
自分の目的意識を相手に伝えておくと
相手が話してる間
これには何と返したらいいんだろう？
とか焦って余計なエネルギーを使わなくて済むので楽
シンドイ話もほのぼのと聴いちゃって
いいんですよ

コラム
08

評価を下さないことがなぜ大切なのか

これまでにもお話ししてきていますが、評価を下さずに人の話を聴くことはとても大切です。

評価というのは、あくまでも、自分の知識や体験に基づいて、今、主観的に下すもの。体調がよいときには「まあ、いいんじゃない」と思うことでも、体調が悪い時には「許せない！」と思う場合もありますよね。

それぞれの人がそれぞれに評価を下しているもの。これは生物としての人間の自己防御能力とも関連していて、評価を下しながら、自分の安全を図っていくのです。「あの人、怖そう」と思ったら距離を置く、などです。

評価を下すこと自体は人間として当然のことだと思いますが、それにとらわれるか手放すかには選択肢があります。あくまでも、それは自分自身が主観的に下した評価だと思えれば、「相手にとっては違うかもしれない」と思うことができます。それが、「評価の手放し」であり、「評価を下さないで聴く」ということなのです。

2章で、きき比べの話をいたしました。一回目は、まさに、相手に評価を下す聞き方です。自分のデータベースに基づいて、相手はどこが悪いのか、どう改善したらよいのか、という頭で聞いているわけです。こんなときには、相手は警戒し、自由に話すこともできない、ということは98ページでお話ししました。

　でも二回目の、「ありのままの相手と共にある」聴き方は、相手に安全な空間を与えますから、相手は気づきを得、自ら変わっていくことができます。ほんの5分間の話なのに、「ああ、そうか」と前進した人を、私は数多く見てきました。それほど、普通の（一回目の）聞き方では、「こんな話をしたらどう思われるか」「こんなこともできない自分がどう思われるか」ということばかりに気が向いてしまうのでしょうね。

　評価を手放しながら相手の話を聴くと、まず自分が楽ですし、相手を力強い存在と感じられる、という感想を数多く聞いてきました。一方、評価を下しながら聞くと、なぜか自然と「上から目線」になってしまう、という感想も多く聞いてきました。相手は「助けが必要な、弱い人」になってしまって、その相手が本来持っている力を引き出すこともできないのです。

　私は、治療をするときに、相手の「健康な部分」と協同作業をしている、と思っています。私一人の力ではとても治せなくても、相手の力を借りれば、難しい患者さんを治すこともできる。それは、日常の人間関係においても言えることだと思います。

（水島）

「なるほど」のポイント
人の話をずっと聴いてると
どんな内容の話でも必ず
なるほど!!
と思う瞬間がきます
ポンッ
それまでは
話を聴いて
みる

なるほど!!
がくると
相手が面倒くさい
存在でなくなる
共存できる
信頼関係が
できる
私は「なるほど」
と思うまでは
絶対に自分から
何か反応を
しません
「ふんふん」とかいって
聴いてはいるけど
意見はいわない
「そこに興味があるからもっと話して」
みたいな感じで質問はする
「なるほど」の
ポイントまで
とにかく聴く

なぜ人の話が長くなるのか?
理由はいくつかあります
1
自分が早めに話を切り上げようという態度になった時
相手は見捨てられたくないから不安になってもっと喋る
2
「まとめ」をした時
つまりこういうことですよね?
と「まとめ」をすると
いえいえそうじゃなくて
本人の言い分とちょっとでもズレてるとわかってもらえてないと思って長くなる

3
変な
アドバイスを
した時
相手の現実と
違うことが
多いので
もっと説明
しようとして
長くなる
変な
アドバイス
アドバイスをする時は
相手の現実と
「なるほど」の瞬間が合って
お互いの息がぴったり
重なってからした方が
よい
こうしてみると
私
こういう体験
たくさんしました
お互いのやり取りが
ズレてる時に
話が長くなるって
ことでしょうか
そうですね
ちぐはぐになってる
時です

安全な人というのは…

自分に自由な空間を与えてくれて

いろいろ話をさせてくれる人

評価を下してこない人

つまり
水島先生やトモコさんのような人ですね？
私も？
キケンな人というのは…
早めに結論を出す人
ダメね
アドバイスしたがる人
こーした方がいいと思う
ポジティブをアピールしてる人
私はいつも元気!!
まとめたがる人
つまりこういうことですね
自分に役立ったと思った物をオススメしてくる人
これがいいのよ
やたら専門用語を使う人
○○が××で
自分の作ったキャラクターを押しつけてくる人
そーだにゃん!!
てんてんさんみたいな人は基本的に安全な人と関わる方がいいです

ニガテな内容の話の聴き方
妙にポジティブな話ばかりしてくる人いますよね
必死に自分の幸せアピールする人みたいな…
そういう時はどうしたらいいのでしょう
そういう人の話って耳にフタをするしかないんじゃないですか？
えっ
それでいいんですか？
いいんじゃないでしょうか
というのもなかなか難しいと思うので
ホッ
自己正当化してる人たち
ポジティブ思考は押しつけがましい
自分のことをゆるしてないから
わざと明るく振る舞ってるのですね

いろんなことに対して
コワくてしょーがない
それの裏返しが
ポジティブ思考なんです
なので
ポジティブ思考で
何かをやり遂げた
人は
燃え尽きて
落ち込んじゃったり
します
ムリしてるって
ことなんですよね
似たような
タイプでやたら
オススメをしてくる
人もいますよね
これすごく
いいから
買いなさい
とか…
どちらにしても
そういう人たちの話は
面倒くさいから
早く終わらせたい
ですよね
そういう話を
聞かなきゃいけない時は
形
と
心の姿勢
（心のあり方）
この2つを
ちゃんと区別する

ポジティブ話
オススメ話
を
された時
きいて!!
相手の話す
内容が
ちょっとなぁ
(本音)
と思ったら
今は余裕がないから
今度考えるね
教えてくれて
ありがとう
という あたたかさをのせて
(心の姿勢)
距離をおく
(形)

あたたかい気持ち
（心の姿勢）
＝
何でも引き受ける
（形）
ではないのです
ムリにきかなくてもいいんです
ポジティブ話
オススメ話
に対して
「形」は従わなくても
本当に優しく教えてくれてありがとうね
あたたかい心から出てくるお礼を言って終わらせれば失礼にならない
応用として
「人の陰口につきあわされる」みたいな時も
陰口そのものには同調せず
きいて あの人 こんな イヤな 人なのよ
そっか大変な目に遭ったんだね
という言葉をあたたかい気持ちで言って 終わらせることで巻き込まれない

自慢話
得意話
似たような経験で自慢話を延々とされたり
得意そうにずーっと喋ってる人とかいますよね？
しばらくその話につきあわなきゃいけない状況の時ですね
ハイ
その時はもうひたすら社交するしかないんじゃないですか…余計なことは言わずに
社交
へぇー
社交
わあスゴイ
社交
えらいですねえ
社交

イヤなことを言われた時
相手に ムッとするような ことを言われた 時は どうすれば …
イヤなこと とか
変な助言を されちゃった 時は…
とにかく 言い返さない
言い返すと 話が長く なるでしょ？
ウンウン
ああ そうですか
なるほど
おつきあいで 共感する返事を して
「おわり」かな
ホー

怒ってる人の話
怒ってる人の話を聞いてるうちに
ドカーン
自分もムカムカして相手と一緒に怒るのはアリですか？
うーん怒ってる人の話を聞いてるうちに自分も怒っちゃうというのは何の意味もなくて…
えっそーなんですか？
怒ってる人
＝
困ってる人
だから
聴く側は相手の「困ってること」をできればなんとかしてあげたい立場なので
自分が一緒に怒っちゃうと相手の怒りが増幅するだけです

よく起きるのが
つられて怒ってる人
の方が
私が相手に文句言ってやる!!
えっ
ちょっとまって
怒りのコントロールが
きかなくなって
もともと相談した人が
困るというケース
怒りは
暴走
しますからね
怒
「怒り」みたいに
暴走しやすい感情は
早めに「困ってる」に
言い換えて
相手が怒ってる時
これは困った
だろうな
というふうに聴くと
冷静になれると
思います
怒ってる人の話は
ただ
聴いてあげる
という聴き方が
有効
中立的な感じで
ただ一緒にいる
みたいなのが
よいです

相手の立場になんて立てない

人の話を
きく時

相手の立場に
なんて立てない

相手が元気じゃない
からといって
元気になる話を
する必要はないし

相手が怒ってる
からといって
一緒に怒る
必要はない

ただ 話を聴く

一緒に
いられればよい

相手と
共存できる
聴き方をする

自虐話
相手が自虐的なことばかり言うので困ってしまう
その人に会うのが面倒くさくなっちゃう時
どーせ自分なんかダメ人間だし
私のこと？
私ってダメ人間
そんなことないよ
反応が縛られている
そうだね
傷つける
なかなか会話にならない
私ってダメ人間
そう思うとどんな気持ちになる？
つらくなる…
つらい時ってきついよねえ私もそういう時ある
感情が出てくると会話ができる
自分が話す時は言い切らないで気持ちをつけて話す
言い切られちゃうと相手は困るんです
そうすることでもっと自由にコミュニケーションがとれます

仕事の時の聴き方
仕事の場合は
どうしても
イヤな人と話を
しなければならない
という時が
ありますよね
イヤミな上司の
耳に障る物言いを
一定時間 聞かなければ
ならない…とか
気に食わない人は
みんな
「困ってる人だ」
と思うようにしましょう
オー
仕事は 行動の 伝え合い
行動
人格
わける
行動と人格を
区別して
考えましょう

だって行動すれば
済むだけのことに
いちいち腹を
立ててたら

コピーを
とらされた上に
怒り疲れ
ということに
なってしまいます

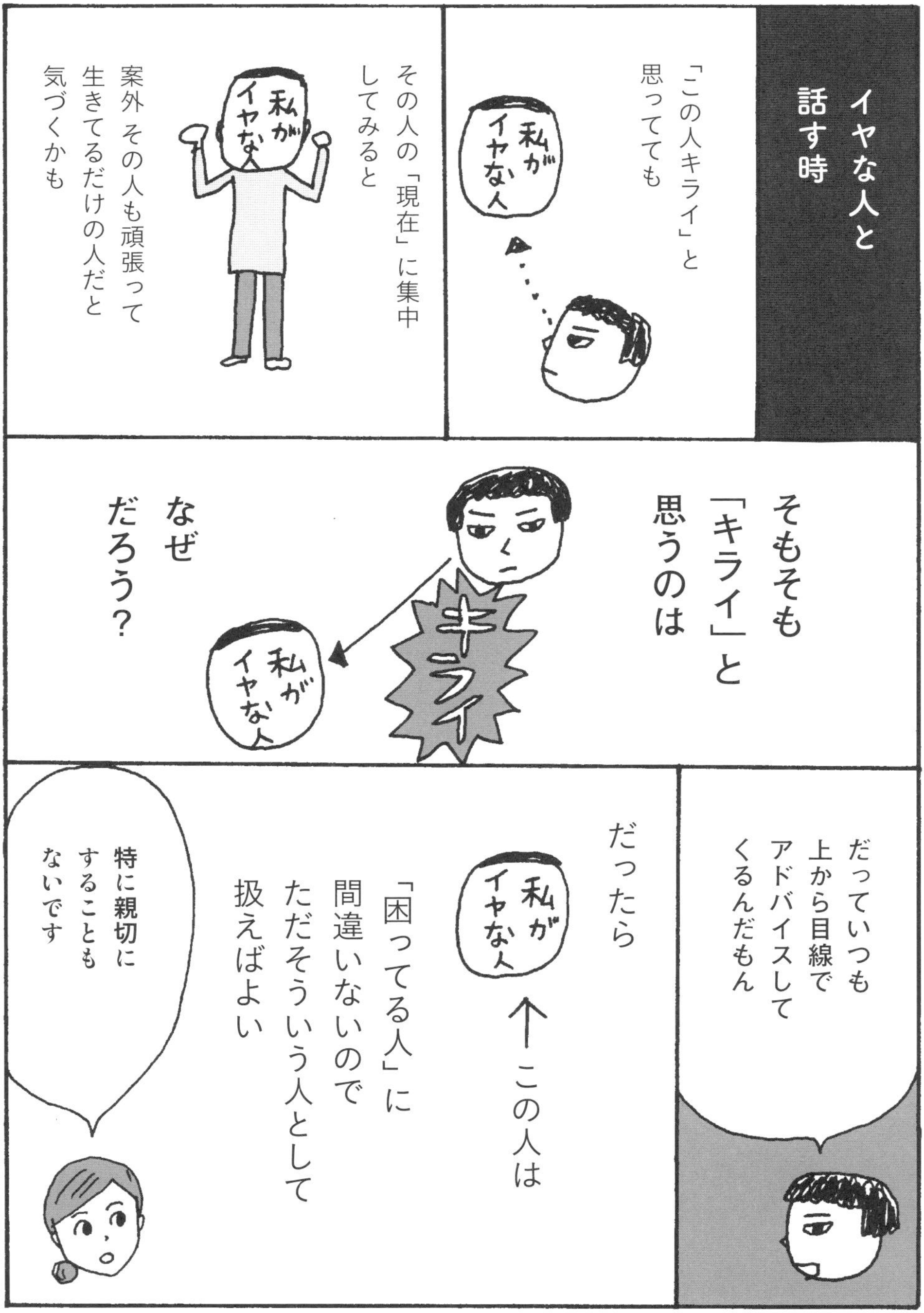

イヤな人と
話す時
「この人キライ」と
思ってても
私がイヤな人
その人の「現在」に集中
してみると
私がイヤな人
案外 その人も頑張って
生きてるだけの人だと
気づくかも
そもそも
「キライ」と
思うのは
キライ
私がイヤな人
なぜ
だろう？
だっていつも
上から目線で
アドバイスして
くるんだもん
だったら
私がイヤな人
この人は
「困ってる人」に
間違いないので
ただそういう人として
扱えばよい
特に親切に
することも
ないです

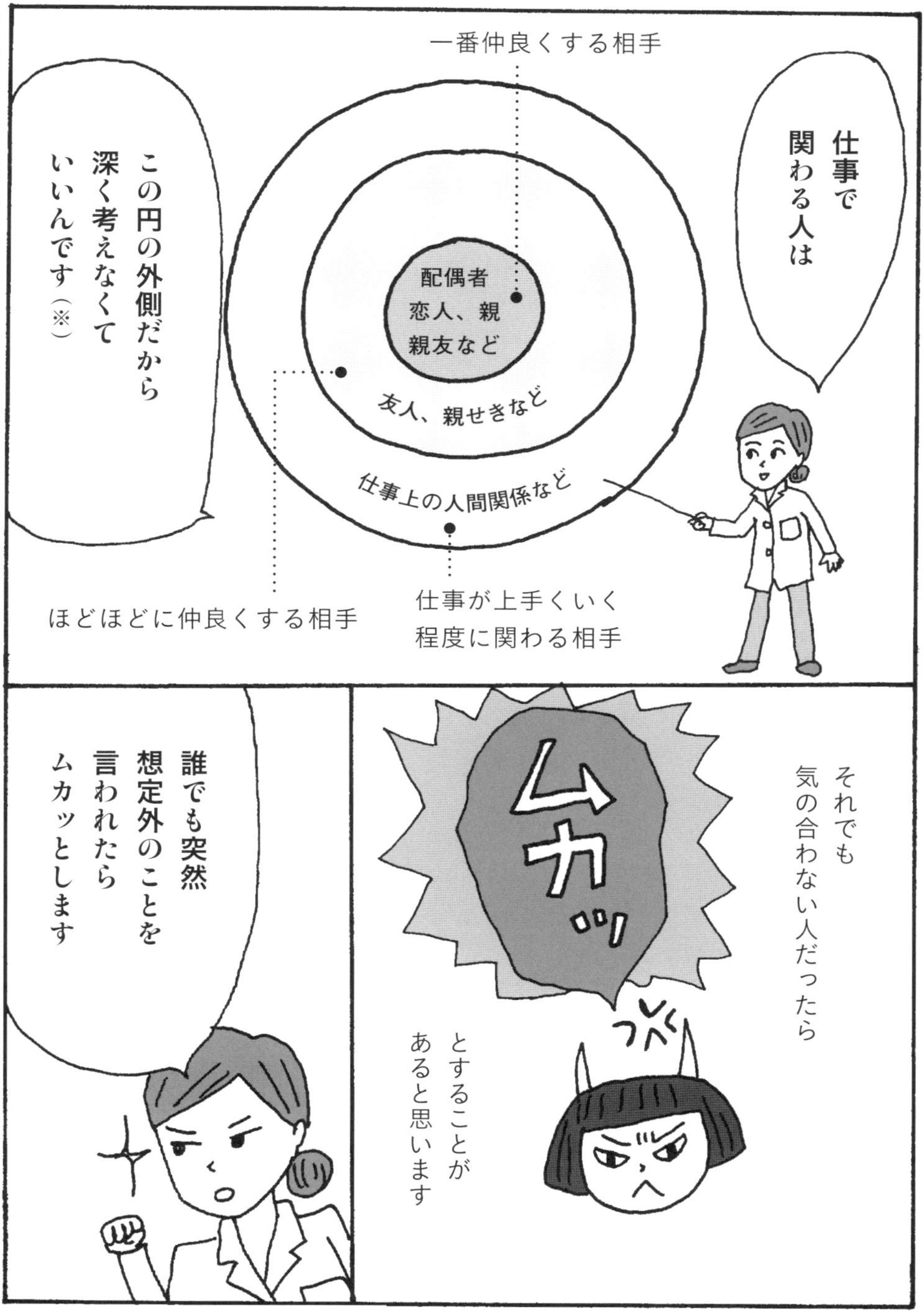

（※）前作『それでいい。』82ページにもより詳しい内容が載っています。

その
ムカッ
は
一瞬でよい
その「ムカッ」を
どれだけ
早く
手放せるか
ポイッ
ムカッ
「ムカッ」を
ずっと
抱え込んで
自虐的な
一日を過ごすか
さっさと
仕事に
戻って進め
達成感を
得るか
どちらを
選ぶかは
自分で
できる
これこそ
自分で選べる
心の姿勢
イヤな人に振り回される
なんて 時間のムダ
楽に仕事ができる
ようにしましょう

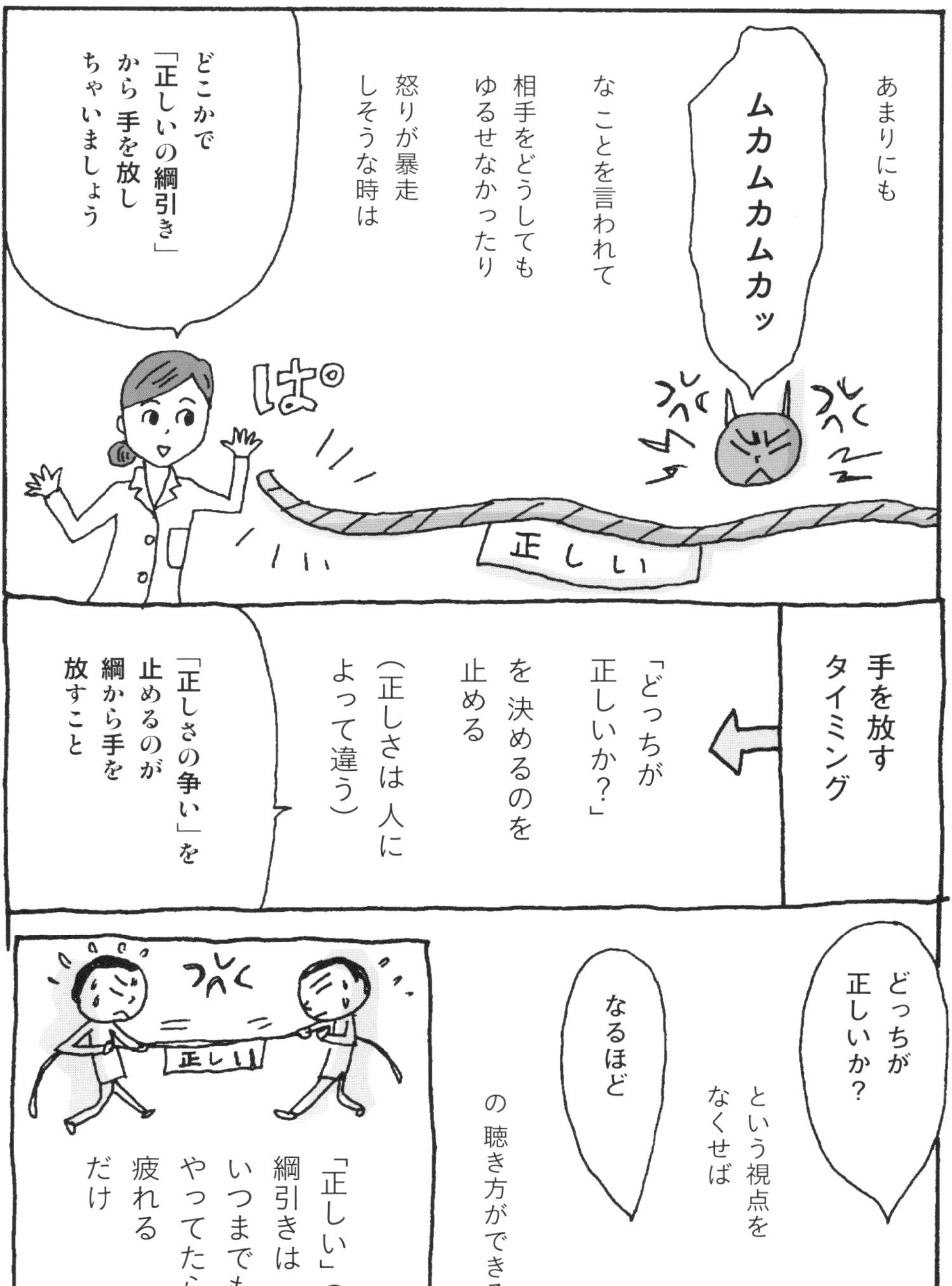

あまりにも
ムカムカムカッ
なことを言われて
相手をどうしても
ゆるせなかったり
怒りが暴走
しそうな時は
どこかで「正しいの綱引き」から手を放しちゃいましょう
ぱ
正しい
手を放すタイミング
「どっちが正しいか?」を決めるのを止める
(正しさは人によって違う)
「正しさの争い」を止めるのが綱から手を放すこと
どっちが正しいか?
という視点をなくせば
なるほど
の聴き方ができる
正しい
「正しい」の綱引きはいつまでもやってたら疲れるだけ

コラム

9

ムカッ!を手放す
～「行動」と「人格」を区別する～

人間は誰しも、ムカッとすることがあります。それは、人間が生物だから。自分が想定していなかったこと（＝自分の安全を脅かす可能性のあること）に、反感をもつのは当然です。「ムカッ」も含めて、あらゆる感情が、その状況が自分の心や存在にとってどういう意味を持つか、を教えてくれるもの。自分に危機をもたらす可能性のあるものに対しては「ムカッとする」のは当然のことです。

そう認めてしまえば、「ムカッ」は案外簡単に手放せるもの。「人間なんだから、想定外のことをされれば危機を感じてムカッとするのも当然だよね」と思えれば、簡単に手放すことができます。

一方、ムカッとした自分を正当化しようとして、いろいろな観念を思い浮かべてしまうと、話が複雑化します。「ムカッとする」ことは一般によくないこと、人間として未熟なこと、と思われていますから、「ムカッとした自分をゆるせない」という気持ちにとらわれてしまうこともあるのです。

「自分はムカッとなどしていない。相手が悪かっただけ」というような、現実否認、自己正当化ですね。「相手が悪かっただけ」の根拠は、いくらでも思いつくことができるでしょう。

このループにはまっていくと、自分がどんどん虐げられてしまいます。「こんな自分が嫌」と思うこともあるでしょう。「ムカッ」を手放す最善の方法は、「人間なんだから、ムカッとして当然」と自分に言い聞かせることです。そうすると、「ムカッとする自分がゆるせない」から抜け出すことができます。

そもそも、自分がムカッとしたのは、相手が何らかの行動をとったから。「行動」と「人格」は区別した方がずっと楽に生きていけます。相手が自分の気に入らない行動をとったからと言って、相手の人格を否定してしまうと、どちらにとってもよくない結果を導きます。

「あなたは人間としてどうしようもない」と言われると反発しか感じないでしょうが、「今、自分はこんなふうに困っている。こういうふうにしてくれるとありがたい」と言えば、相手はできる範囲で応じてくれるでしょう。

110ページで、「正しさの綱引き」についてお話ししましたが、「ムカッ」はまさに、自分の「正しさ」を侵害されたときに感じる気持ち。でも、自分にとっての「正しさ」と相手にとっての「正しさ」は同じではない、ということを認めると、案外簡単に綱から手を放して、「なるほど」のポイントまで（126ページ参照）相手の事情を聴くことができるでしょう。

（水島）

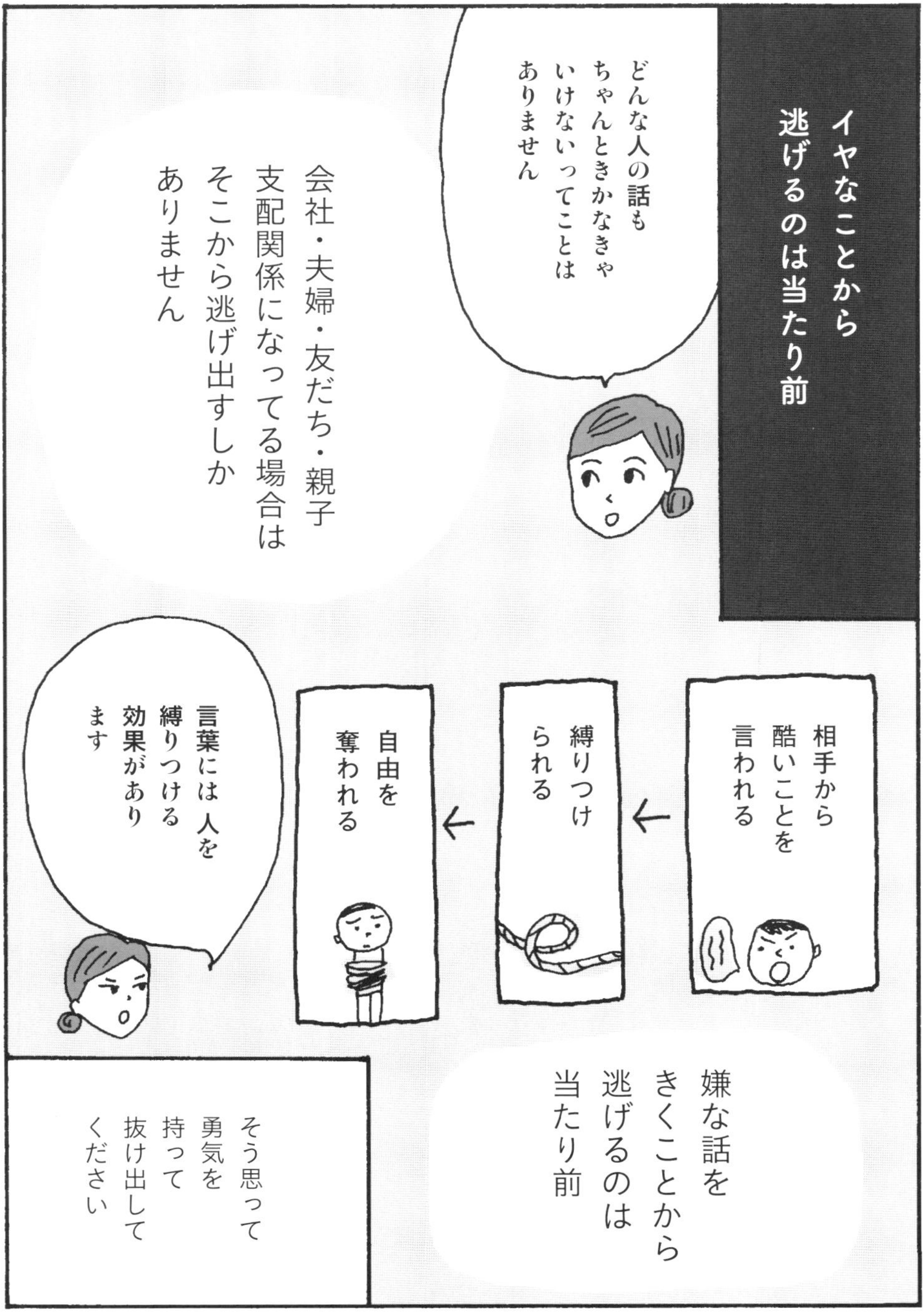
イヤなことから
逃げるのは当たり前
どんな人の話も
ちゃんときかなきゃ
いけないってことは
ありません
会社・夫婦・友だち・親子
支配関係になってる場合は
そこから逃げ出すしか
ありません
相手から
酷いことを
言われる
縛りつけ
られる
自由を
奪われる
言葉には 人を
縛りつける
効果があり
ます
嫌な話を
きくことから
逃げるのは
当たり前
そう思って
勇気を
持って
抜け出して
ください

男女の区別と思い込み
一般的に人の話をきく時
男はこうきかなければいけない
女はこうきかなければいけないっていう思い込みがあると思いませんか？
えっ
ありますかねえ…
女の場合
人の話はニコニコ笑顔できく
女性はコレだけ
男の場合
きき方の自由がゆるされてる
上から目線・対等
無言・笑顔…
いろんなバリエーションがある
ここにいる3人も性格が違うのに
女らしく!! なんてニコニコ聴くのを求められちゃう
そういうのってよくないですよね
あー
そうかも

自分らしい聴き方を見つけよう
私たちも自分なりの聴き方
楽な聴き方を見つけてみませんか？
ほー
ニコニコ笑うだけなんてつまらない
私は省エネが好きだから
省エネの聴き方をするにはどうしたらいいかいつも考えています
へー
省エネの聴き方ってどんなのですか？
「べき」フィルターを通して人の話を聴かない
女性はニコニコ聴く「べき」とか
上司の話は真剣に聴く「べき」とか
「べき」をなくすと省エネになりますよ

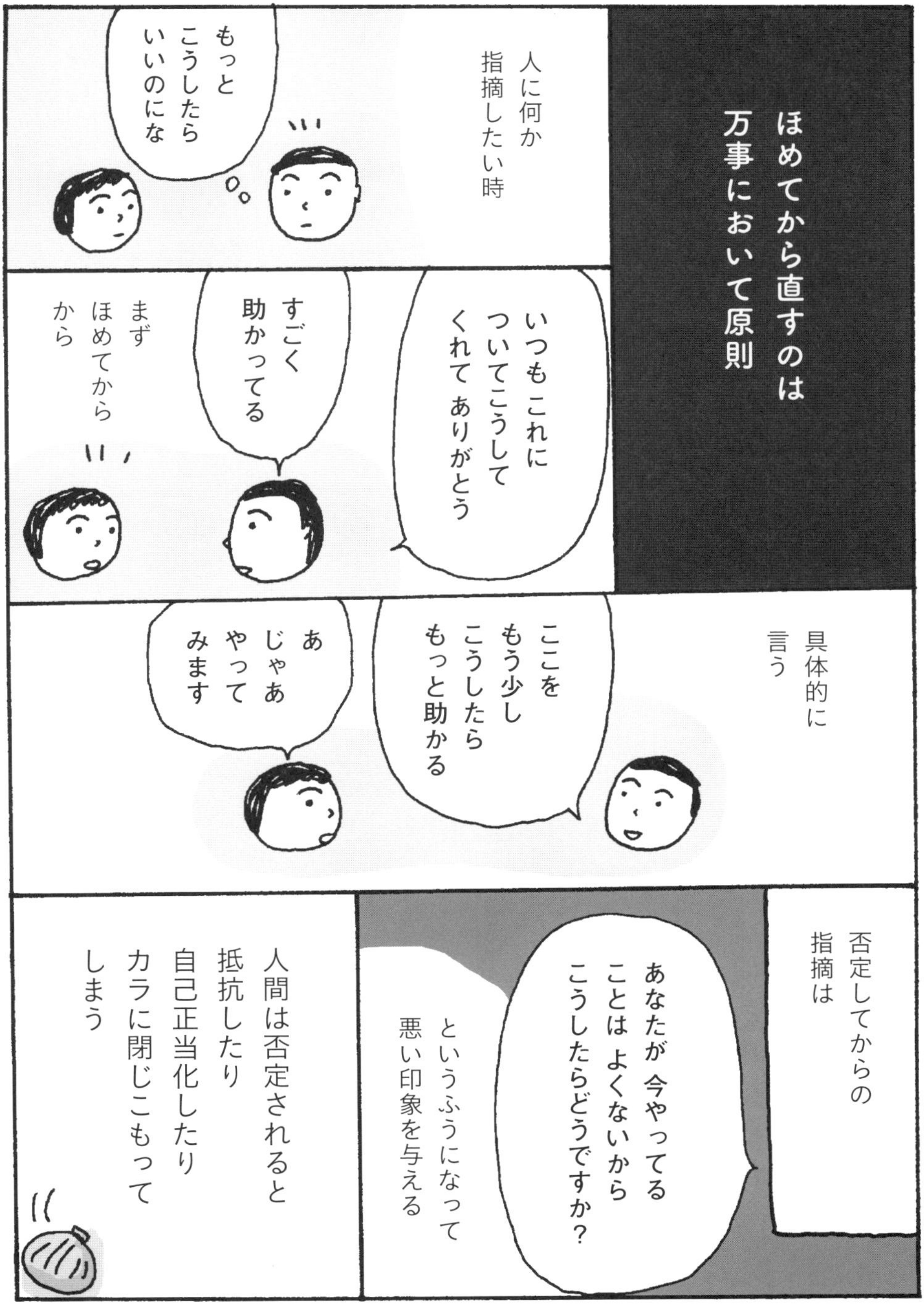
ほめてから直すのは万事において原則
人に何か指摘したい時
もっとこうしたらいいのにな
いつもこれについてこうしてくれて ありがとう
すごく助かってる
まずほめてから
具体的に言う
ここをもう少しこうしたらもっと助かる
あ じゃあやってみます
否定してからの指摘は
あなたが 今やってることは よくないからこうしたらどうですか?
というふうになって悪い印象を与える
人間は否定されると抵抗したり自己正当化したりカラに閉じこもってしまう

発達障害（非定型発達）
ちょっと特殊なパターンですが
発達障害で言葉のニュアンスがわからないという人は結構います
発達障害の人には言葉を文字通りに受け取っちゃって裏の意味を考えられない人が多いのです
普通の人は
やりなさい
と言われるよりも
できたらお願い
と言われる方が気持ちが楽
言葉のニュアンスがわからない発達障害の人はこう言われた時
結局はやらせるんじゃないか!!
と怒る
そうやって相手を操作するような優しい言い方をするのは卑怯だ!!
そんなふうに言われたこともあります

実は人には裏表があります
本音と建前の区別があることがわからない発達障害の人は多い
全力でいこう!!
という時
本音
でもみんな少しは手を抜くよね
建前
全力でやってね
一般的にこれが「全力」のニュアンス
コレをハッキリ直接言わないと わからない
文字通りの理解はする
例えば
すぐやって
と言われた時
すぐ
が
どれくらいの時間を意味するのか
10
相手に聞き返して明確化することが重要
自分が そこから読み取らなければいけないと思うとズレが出てきます
自分に人の考え方を見抜く超能力はないとあきらめてしっかりとコミュニケーションを とりましょう
ハーイ

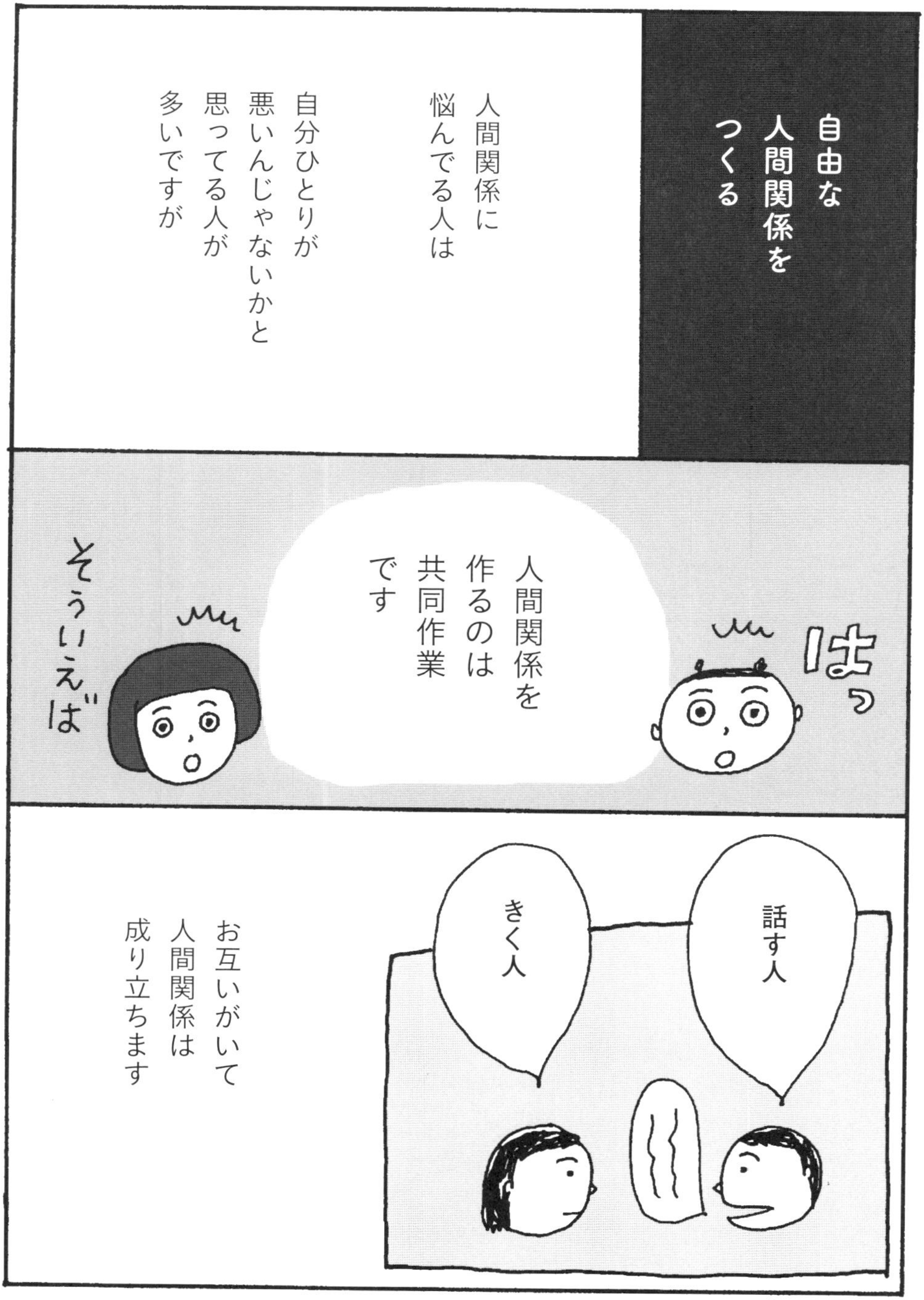
自由な人間関係をつくる
人間関係に悩んでる人は
自分ひとりが悪いんじゃないかと思ってる人が多いですが
はっ
人間関係を作るのは共同作業です
そういえば
話す人
きく人
お互いがいて人間関係は成り立ちます

それぞれが
その時の
状況に合った
今は
こう話そう
コミュニケーションを
考えながら
会話をしてます
今は
こう話そう
コミュニケーションって
いかにお互いに
自由にできるか？
がポイント
話す人が自由に
話せるように
聴く人も自由に
聴けるように
聴き方の
ワークショップで
学んだことが
役に立つ
のだと
思います
ハイ
役立てる
よう
がんばり
ます

コラム
10

お互いの自由、お互いの心の平和

人それぞれ、様々な事情があります。生まれ持ったもの、小さい頃の生育環境、今までの人生で体験してきたもの、今日の体調など、本人にしかわからないことがたくさんあります。

先述した、「ムカッとする」コミュニケーションは、本人にしかわからない領域に、土足でズカズカと踏み込んで、何かを決めつける、というパターンが多いものです。考えてみれば、それは暴力的ですね。

誰もが心の平和を享受できる社会。それは理想のように聞こえますが、一人ひとりが「自分の心が平和になるように」と思うことによって、実は可能なことなのです。

自分の心の平和のためには、評価を下す聞き方をしない、相手を変えようとしない、ということが必要です。それが相手に対して、どれほどの温かさを提供するでしょうか。

61ページで「遠赤外線」のことをお話ししましたが、「これはあなたのため！」と炎を直接ぶつけるのではなく、遠赤外線のようにポカポカとあたためていく。それが相手にとって、どれほどの価値を持つでしょうか。

自分が無条件の温かさで接した相手は、

他の人に対してもそのような温かさを持つようになります。２章でご紹介した、トモコさんのお母さんの例がそうですね。無条件で温かく接してもらうことによって、自分の話も自由にできるようになるし、自分が本来持っている力を発揮できるようになるし、それを他人にも差し伸べることができるようになるのです。

これが、「自由な人間関係」と言えるものでしょう。自由、と言うと、相手の気持ちも顧みず、というのが一般的な印象かもしれませんが、そうではありません。誰にでも、ポカポカする権利がある。それを一人ひとりが行使することが、「自由な人間関係」につながるのです。相手の領域に踏み込まず、ただポカポカを与える。それがどれほどの幸せにつながるでしょうか。

コラム９では、「人格」と「行動」をわける、というお話をしました。「行動」については、「どんな形でも受け入れる」というわけではありません。「今のあなたに温かい気持ちを持ち続けるには、この形は無理」というふうに思うことも、とても価値あることです。そうやって、距離を置くことによって、将来的にもっと近づけるかもしれませんし、そういう日は来ないかもしれません。でも、自分の心が平和であれば、何も問題ないのではないでしょうか。

自分は相手の自由を尊重する。相手を変えようとしない。でも、それが今の自分を傷つけるのであれば、距離を置く。きわめてシンプルなことですが、「それでいい」のです。

（水島）

お互いの自由が認め合えると

「何を話しても
この人は大丈夫」

相手に
そう思って
もらえたら

怒りだろうと
悲しみだろうと

何でも話して
もらえるように
なります

そうなったら
お互いの自由を
認め合えてる
関係性を
作れていて
よいコミュニケーション
ができてることに
なってるのだと
思います
私は今まで
自分のことを
ネガティブ思考クイーン
だと思ってて
何に対してもネガティブで
こんな私なんてダメだ
って 否定ばかりしてた

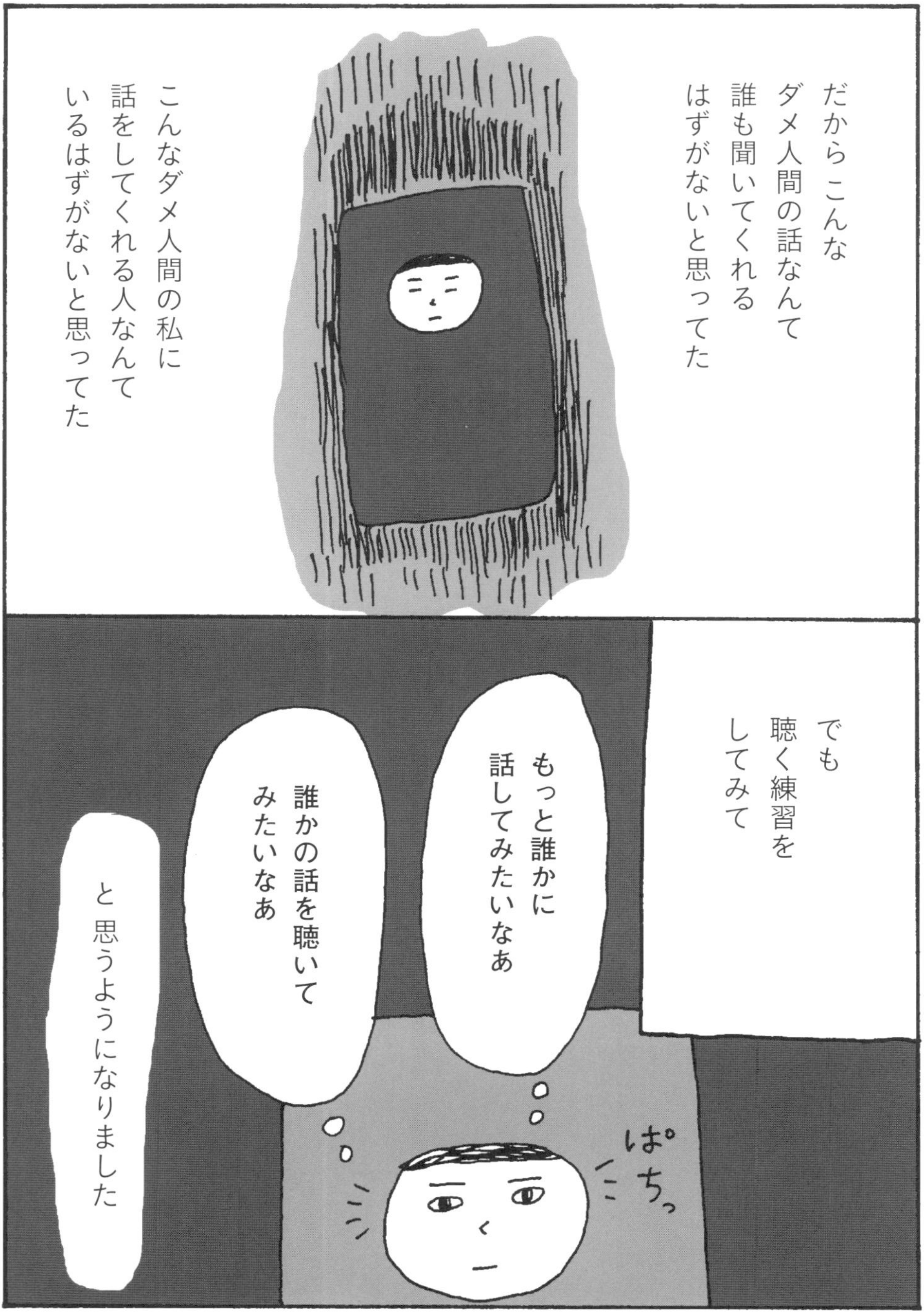
だからこんなダメ人間の話なんて誰も聞いてくれるはずがないと思ってた
こんなダメ人間の私に話をしてくれる人なんているはずがないと思ってた
でも聴く練習をしてみて
もっと誰かに話してみたいなぁ
誰かの話を聴いてみたいなぁ
と 思うようになりました
ぱちっ

私はずっと暗闇の中で生きてきたから
太陽みたいにうわっと人をあたためるのはできないかもしれないけど
お月様みたいに静かに穏やかな存在になることはできるかも
何がきても変わらない感じで聴いてる
いつもそこにいていつも同じ感じで聴いてくれる存在

お月様みたいに
人の話を聴ける
ようになりたいな

てんてんさん話を聴くことが好きになると
きっと話をすることも好きになりますよ
えっ ホントですか？
私も話すのは苦手だったけど
聴くことを好きになったら話してみたいって思うようになったんです
聴くことを好きになったら
話したいって思うようになる……

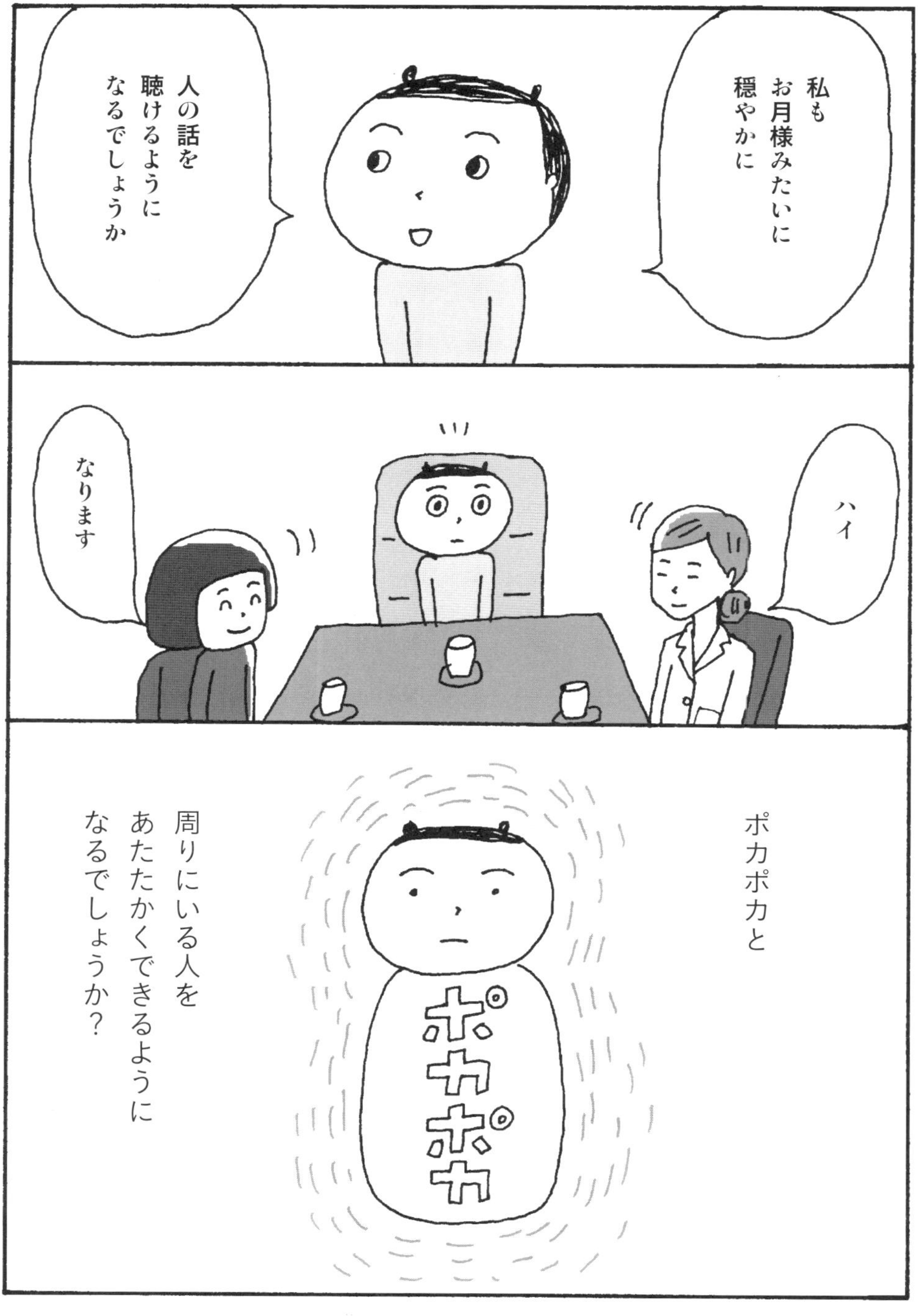
私も お月様みたいに 穏やかに
人の話を 聴けるように なるでしょうか
ハイ
なります
ポカポカと
周りにいる人を あたたかくできるように なるでしょうか？
ポカポカ

ハイ
なります
そしたらまた少しずつ
練習していってみようかな…

ああ なにか私は明るい気持ちになってきました
私もなんだか明るい気持ちになってきました
すっ
美味しいお茶をもう一杯飲みましょう
私がいれます
えっ
いえいえ水島先生お茶は私がいれます!!
いやいやたまには私がいれまーす

あとがき

細川貂々

人とコミュニケーションを取る時に一番大事なことは人の話を聴くこと、というのを知ってから相手の話を聴く姿勢を変えました。今までのように「自分の考え」を頭に置きながらでは人の話をちゃんと聴けないんだなってわかったからです。

ワークショップで「人の話の聴き方」を体験してから家に帰って家族の話を聴いた時に、今までの私は自分のことに気が向いてて相手の話をちゃんと聴いてなかったことに気づきました。「ああ、こんな聴き方してたんじゃ、信用なくすよな」と思いました。だからちょっとしたことで言い争いになったりするのか、とも思いました。今まで決して人の話を適当に聴いてるつもりは無かったのですけど、「聴き方」がわかってないからちゃんと聴こえてなかったんですね。それで相手とのズレが起きてトラブルになる……。そういうことかってとても納得しました。「聴き方」を知って本当に良かったなと思いました。

「人の話の聴き方」を教わってから私はもっと人と関わりたいと思うようになって今は息子の小学校のＰＴＡの本部役員をしています。1年目は書記をして2年目は副会長をしています。家にひきこもっていた私にそんな大役が出来るのかとても緊張したのですが、「聴き方」を実践してなんとか楽しくやっていられてます。私自身が「話を聴きますよ」という心持ちでいると、いろいろ話してくれる人がいて「人ってこんなことを考えてるんだ！」と興味深く勉強になっています。そして「話をしたい」っていう人は結構いるんですね。話を聴くとみなさんそれぞれの場所で不安でいるのだなということがわかってきました。人の話をちゃんと聴けるようになってわかったことは、「人間は私が思っていたほどコワくない」ということです。どんなに自信がありそうな人でも不安をいっぱい抱えてる。「なんだ……そうだったのか、自分と一緒だ」それがわかって、本当に本当に楽になりました。

それから「話の聴き方」のファシリテーターのトモコさんに出会えたことも私にとって運命でした。トモコさんは考え方や生きてきた状況（ネガティブな母を持っていた）などが私と似ていて、そのトモコさんがポカポカした人でいられているという事実が、私から「どうせ何やっても無駄」の考えを引き離しました。

この人に出来るなら私にも出来るかも知れない……。そう思える人に出会えたことはシアワセなことだったと思います。トモコさんに出会えて良かったです。トモコさんと出会えるきっかけを作ってくださった水島先生、ありがとうございました。

心の底からネガティブ一色で生きてきた私が、こうした人たちと出会ってどんどん変わって行く様子を見てくださってるみなさま、私は人の話を聴けるようになったことで自分がかけていたネガティブメガネが外れて「ちゃんとまともに物事を見られるようになってきた」ので、これからも成長を見守っていてください。

二〇一八年八月末　細川貂々

あとがき
水島広子

前作『それでいい。』は、主に現在の自分を「今は、これでいい」と思えるようになることがポイントでした。つまり自己肯定の基礎になる本ですね。いろいろとできないこともあるし、もっと改善したいこともある。でも、今までの事情があっての現在の自分なのだから、「今は、これでいい」は黄金の真実なのです。

貂々さんの素敵な漫画で『それでいい。』を刊行することができて、多くの方から「枕元に置いてあって、一日の終わりにホッとしています」「お守り代わりに持ち歩いています」など嬉しい感想をいただいてきました。貂々さんもどんどん変化してきて（漫画の貂々さんは、本当に等身大で、その通りの人なのです）、一緒にお仕事できて本当によかった、と思っています。

そして、待望の第二弾。今回の『やっぱり、それでいい。』は、さらに自己肯定を強め、それに加えて他人についても「それでいい。」という感覚が持てるようになれば、ということがテーマです。コラムでも書きましたが、他人を「それでいい。」と思うのは、決して他人のすべてを受け入れて言うことを聞く、という意味ではありませんし、他人の方が正しいと認めることでもありません。

人も自分と同様、いろいろな事情があっての今。「ちょっと今は物理的に親しくすることは無理だな」と思う人もたくさんいるでしょうが、そんな人を「人間としてダメ」「受け入れられない自分は狭量」と見るのではなく、「今は、これでいい」と見られるようになれば、ずっと楽になりますし、そんなふうに見られる自分について、自己肯定感も高まりますよね。

ファシリテーター役で登場してくださるトモコさんは、もちろん実在の人物で、私とはかれこれ十年以上のＡＨ（アティテューディナル・ヒーリング）仲間です。彼女も私も、もちろんいろいろと足りないところはありますが、それでもＡＨを一番大切に生きていこうとしていることは自負しています。つまり、人間は「ポカポカした人」と「怖れて困っている人」しかいない、という見方を、どんなときにも採用すること。そして、人を変えようとしないこと。お互いに、相手を信頼していますので、よく「二人ＡＨ」もしますが、愚痴を言っている間にだんだんポカポカした気持ちになってきて、とても救われています。もちろん、事務的なことでは意見を言い合いますが、「二人ＡＨ」のときには何のアドバイスもありません。

今回も、素敵な本づくりに奔走してくださった創元社の坂上祐介さんに心から感謝いたします。また、いつも「すごいな」と感心するのですが、私のダラダラした話をきちんと再現してすばらしい漫画にしてくださる貂々さん、ありがとうございます。貂々さんとのお仕事はいつもとても楽しいです。そして、『それでいい。』を読んで励まされたと言ってくださった皆さまのおかげで第二弾があります。本書も多くの方の気づきにつながったり、「お守り」になったりしますように。

水島広子

やっぱり、それでいい。

人の話を聞くストレスが自分の癒しに変わる方法

2018年11月10日　第1版第 1 刷発行
2024年11月10日　第1版第12刷発行

著　者　細川貂々（てんてん企画）＆水島広子
発行者　矢部敬一
発行所　株式会社 創元社
https://www.sogensha.co.jp/
本社　〒541-0047
大阪市中央区淡路町4-3-6
Tel. 06-6231-9010
Fax. 06-6233-3111
東京支店　〒101-0051
東京都千代田区神田神保町
1-2　田辺ビル
Tel. 03-6811-0662
印刷所　TOPPANクロレ株式会社

ISBN978-4-422-93082-4　C0095

本書の感想をお寄せください
投稿フォームはこちらから▶▶▶▶

細川貂々
ほそかわ・てんてん

1969年、埼玉県生まれ。漫画家・イラストレーター。セツ・モードセミナー卒業。パートナーのうつ病を描いた『ツレがうつになりまして。』（幻冬舎）がテレビドラマ化、映画化される。水島広子医師との共著「それでいい。」シリーズ（創元社）もベストセラーに。近刊に、自身の発達障害を描いた『凸凹あるかな？ わたし、発達障害と生きてきました』（平凡社）、『どうして死んじゃうんだろう？』（晶文社）、児童書に『がっこうのてんこちゃん』（福音館書店）、『こころってなんだろう』（講談社）などがある。現在、兵庫県宝塚市で、生きづらさを抱えた人たちが集う「生きるのヘタ会？」「凸凹ある会？」を主宰している。

水島広子
みずしま・ひろこ

慶應義塾大学医学部卒業・同大学院修了（医学博士）。慶應義塾大学医学部精神神経科勤務を経て、2000年6月～2005年8月、衆議院議員として児童虐待防止法の抜本改正などに取り組む。1997年に共訳『うつ病の対人関係療法』を出版して以来、日本における対人関係療法の第一人者として臨床に応用するとともに、その普及啓発に努めている。現在は対人関係療法専門クリニック院長、慶應義塾大学医学部非常勤講師（精神神経科）、対人関係療法研究会代表世話人。主な著書に『自分でできる対人関係療法』『トラウマの現実に向き合う』『拒食症・過食症を対人関係療法で治す』『女子の人間関係』『自己肯定感、持っていますか？』『「毒親」の正体』『「消えたい」「もう終わりにしたい」あなたへ』などがある。

ホームページ
http://www.hirokom.org